# 『経営』承継はまだか

## 欧米の事業承継に学ぶ「資産」以外の承継の教科書

株式会社日本FBMコンサルティング
代表取締役

**大井大輔** 著

中央経済社

## はじめに

### 『大廃業時代の足音　中小「後継未定」127万社』

　この言葉を新聞一面（2017年10月6日付日本経済新聞）で目にした時の衝撃は今でも忘れることができません。

　経済産業省によると，2025年に6割以上の経営者が70歳を超え，中小127万社で後継者不足となり，このまま問題を放置すれば，「大廃業時代」を迎え，約650万人の雇用と約22兆円に上る国内総生産（GDP）が失われるおそれがあるということです。政府も大廃業時代を回避するために，自社株式に関する相続税や贈与税の支払いを猶予する制度，いわゆる事業承継税制の改正などに取り組み，少しでも廃業危機を脱せられるような取組みを後押ししています。

　当然ながら，このような取組みは必要ですが，果たしてそれで十分でしょうか。ここに"大きな誤解"があります。**その誤解とは，事業承継＝資産承継，いわゆる株式などの資産を承継すればよいという考え方です。**本当にそうなのでしょうか。

　先述のとおり，「大廃業時代」の要因は，資産承継の失敗ではなく後継者不足，つまり，うまく経営が承継できていないのです。**事業承継とは，資産承継と経営承継の両輪いずれにも取り組むことです。中小企業がこの両輪の承継を果たすことによって，「大廃業時代」を回避できるのです。**

　このことは，中小企業のオーナー社長だけではなく，本来その支援者である税理士をはじめとした専門家にもあまり正しく理解されていません。そこで，**本書は事業承継における経営承継に焦点を当てた内容としました。**

　資産承継，つまり，株式を承継すれば事業承継は済んだものだと誤解してしまうことを避けるため，1つ事例をご紹介します。まだ記憶に新しいかと思いますが，上場企業である大塚家具の親子騒動について解説します。概要は，

2015年3月27日の株式総会において，創業者である父・大塚勝久氏と長女・大塚久美子氏との人事案をめぐる委任状争奪戦が繰り広げられ，結果として，長女・大塚久美子氏が過半数の支持を得て，創業者である父・大塚勝久氏を大塚家具から追い出したという事案です。テレビではこの委任状争奪戦の模様や長女・大塚久美子氏が幼少期に父・大塚勝久氏と仲が良かったときの映像が流れていました。

大塚一族は，ききょう企画という資産管理会社を有し，実は騒動の時点で創業者である父・大塚勝久氏から長女・大塚久美子氏をはじめとした5人のご子息に株式が譲渡されていました。つまり，いわゆる資産承継は終わっていたのです。

では，大塚家具における事業承継は，資産承継の対策が終わった段階で済んでいたのでしょうか。答えは明白です。「ノー」です。そのあとの委任状争奪戦は，正しく経営承継，広義に言えば事業承継が済んでいたら生じなかった問題です。このような事案はたくさんあります。

なぜ，このような事案が生じるのでしょうか。答えは簡単です。

1つ目は，**事業承継＝資産承継という誤解があり，経営承継の必要性が認識されていないこと**，

2つ目は，資産承継の対策については，税理士や金融機関などから節税対策の一環として多くの提案を受けることが多く，お金に直結しているためか，非常にわかりやすいのですが，**経営承継は具体的に何をすればよいかがわからないこと**，

3つ目は，**そもそも経営承継に関するサービスを提供する専門家が少ないこと**，です。

本書では，まだ日本では一般的な用語になっていない『経営』承継について，どのような視点を持って，具体的にどのように取り組めばよいのかについて説

明したいと思います。

　経営承継の推進者としては，普段から経営者と接することが多く，事業承継の一端である資産承継を担っている税理士や金融機関などが本来対応すべきだと思います。当然ながら，オーナー自身や後継者も本書などの専門書を読み，自社の経営承継について考えるということも非常に大切なことです。

　『経営承継』という言葉を読みほぐしていくなかでのもう1つのとても重要なキーワードがあります。それは『ファミリービジネス』です。オーナー・同族会社は欧米では**ファミリービジネス**と呼ばれ，「資本と経営を分離し，プロフェッショナルが経営する大手上場企業」と対比する形で，「オーナー家が経営に対して強く関与をしながら成長し，雇用を生む**ファミリービジネス**」という企業体として位置づけられ，研究も進んでいます。

　本書では欧米の研究成果を基に，ファミリービジネスの特徴や強み，また，課題について説明し，その課題についてどのように取り組めばよいのか，つまり，どのようにファミリービジネスマネジメントを進めればよいのかについて，説明したいと思います。

　ぜひ，本書の内容を参考に，税理士や金融機関等の専門家の方々は取引先企業の経営承継への取組みを，また，オーナーや後継者の方々は自社の経営承継への取組みを推進して頂ければ幸いです。

　そのような取組みを通じて，2025年に訪れるとされている「大廃業時代」を回避することが私の大きな願いでもあります。

株式会社日本FBMコンサルティング

代表取締役　大井　大輔

## 目 次

はじめに・**003**

# 第1章　欧米で尊敬されるファミリービジネスの実態 ····· **009**

1．ファミリービジネスとは ································· **010**

2．ファミリービジネスの割合 ··························· **012**

3．日本の老舗企業と家制度 ····························· **014**

4．ファミリービジネスの特徴 ··························· **018**

5．ファミリービジネスの成功要因 ····················· **024**

6．ファミリービジネスの強み ··························· **025**

7．ファミリービジネスの弱み（危うさ） ··············· **031**

8．ファミリービジネスの課題 ··························· **039**

9．事業承継で重要なこと ······························· **042**

| コラム | 経営者と後継者がうまくいく共同就業のタイミング ············· **044**

# 第2章　ファミリービジネスを考えるうえでの フレームワーク ································· **047**

1．スリーサークルモデル ······························· **048**

2．スリーサークルモデル三次元発展型モデル ··········· **053**

3．スリーサークルモデルで検討すべき事項 ············· **064**

4．経営（ビジネス）と家族（ファミリー）のガバナンスの違い ········· **079**

5．経営志向と家族志向の意思決定の違い ··············· **080**

6．ジェノグラム分析 ··································· **082**

7．事業承継計画の策定 ································· **090**

| コラム | 後継者に外飯を食べさせるべきか，それとも早期に家業に 就業させるべきか ································· **091**

目　次

## 第3章　後継者が継ぎたくなる会社のつくり方 …… 095
　1．後継者が継ぎたくなる会社とは ……………………………… 096
　2．チーム型経営の必要性とその概要 …………………………… 098
　3．ワンマン経営からチーム型経営を実現した事例 …………… 102
　4．チーム型経営を実現するための具体的なステップ ………… 111
　5．ステップ1－1　内部環境分析 ……………………………… 112
　6．ステップ1－2　外部環境分析 ……………………………… 118
　7．ステップ2　基本戦略の策定方法 …………………………… 119
　8．ステップ3　業績管理制度の構築方法 ……………………… 126
　コラム　後継者に要職を譲った経営者はどのような役割を担うべきか？ …147

## 第4章　ファミリービジネスの分析をしてみよう …… 151
　1．現状分析のねらいと目的 ……………………………………… 152
　2．スリーサークルモデルによる課題抽出 ……………………… 153
　3．支援者による詳細なファミリービジネスの現状分析 ……… 165
　コラム　最近，流行りの「ベンチャー型事業承継」とは何か？ ………… 173

## 第5章　永続を叶える『経営』承継の方法 …… 177
　1．永続を叶える『経営』承継とは ……………………………… 178
　2．永続を叶える『経営』承継に必要な事業承継計画 ………… 180
　3．スリーサークルモデルによる事業承継計画 ………………… 181
　4．事業承継計画の記載事例 ……………………………………… 189
　5．事業承継計画策定のポイント ………………………………… 199
　6．永続を叶える『経営』承継の実現に向けて ………………… 201
　コラム　最も信頼されるアドバイザー（MTA）とは？ ……………… 203

あとがき・207

第 **1** 章

# 欧米で尊敬される
# ファミリービジネスの実態

　「オーナー企業」「同族会社」「同族経営」
などは，欧米ではファミリービジネスと呼ば
れ，研究も進んでいます。ファミリービジネ
スは，長期的な視野に立った経営ができ，地
域に深く根ざしているなどの強みもあり，一
般企業と比べて業績面でも優れています。
　一方，事業承継の局面では大きな問題を迎
えることになります。
　さて，どのように事業承継に備えればよい
のでしょうか。本章で明らかにしていきます。

# 1. ファミリービジネスとは

　初めに，『経営承継』を読み解くうえで大切な『ファミリービジネス』がどのようなものなのかを説明しましょう。

　現在，ファミリービジネスに関する明確な定義は存在しておらず，各研究者がそれぞれファミリービジネスについて定義を行い，研究を行っています。ファミリービジネスと似たような概念として，日本では，法人税法上の同族会社が存在し，その定義は，「株主等の3人以下の個人及び法人がその会社の50％超を超える株式を有する場合」とされています[注1]。

> （注1）　詳細な定義は国税庁ホームページ参考（https://www.nta.go.jp/law/tsutatsu/kihon/hojin/01/01_03.htm）

　しかし，その内容は所有（株式）のみであって，経営面については言及されていません。そこで，本書では，**ファミリービジネスを，「創業者一族が会社の所有（株式）および経営の両方，もしくは，そのいずれかを実質的に支配している企業」を『ファミリービジネス』と定義します。**

　法人税法上の同族会社の割合は，日本企業約250万社のうち97％を占めており，中堅・中小企業の多くはファミリービジネスと言えます。ただ，大手企業のその多くもファミリービジネスです。

　欧米企業では，世界最大の小売業であるウォルマートはウォルトン家，高級車で有名なBMWはクヴァント家のファミリービジネスです。その他，名前を聞かれたことがあるような大企業にもファミリービジネスが存在します。

　日本企業でも，日本を代表する大企業であるトヨタ自動車は，現在，トヨタグループの創業者である豊田佐吉氏の曾孫にあたる豊田章男氏が代表取締役社長に就任されており，立派なファミリービジネスです。トヨタ自動車（トヨタグループ）は，創業者一族ではない方による経営もなされてきましたが，創業者・豊田佐吉氏が自動織機を発明し，その息子・喜一郎氏がトヨタ自動車を創

**1. ファミリービジネスとは**

| 図表 1-1 | ファミリービジネスの定義と大手ファミリービジネス |

> 創業者一族が会社の所有（株式）及び経営の両方，もしくは，そのいずれかを
> 実質的に支配している企業を「ファミリービジネス」と定義する。

欧米の主なファミリービジネス
- ウォルマート ：小売 （ウォルトン家）
- マース ：菓子 （マース家）
- BMW ：自動車 （クヴァント家）
- カーギル ：穀物 （カーギル，マクミラン家）
- SCジョンソン ：日用品 （ジョンソン家）
- ロレアル ：化粧品 （ベタンクール家）
- ハースト・コーポレーション ：マスコミ （ハースト家）
- LVMH ：ファッション （アルノー家）
- ハイアットホテルズ ：ホテル （プリツカー家）

など多数

日本の主なファミリービジネス
- トヨタ自動車 （豊田家）
- サントリー （鳥井家）
- 武田薬品工業 （武田家）
- 竹中工務店 （竹中家）
- 日清食品 （安藤家）
- 江崎グリコ （江崎家）
- 矢崎総業 （矢崎家）
- ファーストリテイリング （柳井家）
- ソフトバンク （孫家）

など多数

業した2代目です。その息子・章一郎氏も3代目代表取締役に就任した後に，現在は名誉会長となっています。このように，トヨタ自動車のような日本を代表する大企業であっても，脈々と経営承継を果たして創業者一族によって事業が受け継がれているのです。

他でも，サントリー（鳥井家），竹中工務店（竹中家），日清食品（安藤家），江崎グリコ（江崎家）などもファミリービジネスです。

また，ユニクロを展開するファーストリテーリングも実はファミリービジネスです。現経営者である柳井正氏は2代目で，父は紳士服小売業を営んでおり，その事業を継ぎ，紳士服からカジュアル衣料へ舵を切り替え，現在のユニクロへと成長させてきました。ユニクロの経営をめぐっては，2002年に後継者として玉塚元一氏を日本IBMから招聘し社長に就任させたものの，2005年に柳井氏が社長に復帰しています。なお，玉塚氏はその後ローソンの社長に就任されました。

同様に，ソフトバンクも創業者・孫正義氏のファミリービジネスであり，後継者として，2014年に当時グーグルの幹部であったニケシュ・アローラ氏を登用したものの，孫氏との意向に齟齬が生じ，2016年に任期満了で退任しています。**ユニクロやソフトバンクといった日本を代表する大企業であっても，ファミリービジネスであるがゆえの経営承継の難しさに直面しています。**

# 2. ファミリービジネスの割合

それではもう少しデータに基づき，ファミリービジネスについて見てみましょう。

研究(注2)によると，上場企業において，発行株式数の20％以上を家族が保有している場合を「家族所有型」とした場合，その割合は日本では9.7％と海外と比べて低くなっています。

(注2) 末廣昭『ファミリービジネス論』(名古屋大学出版会，2006)は，発行済み株式の20％以上を家族が保有している場合を「家族所有型（＝ファミリービジネス）」，20％以上の保有株主がいない場合を「分散所有型」として分類。

これは，日本の上場企業の場合は，金融機関や取引先などとの株式の持ち合いをしていることから，特定株主における保有割合が少なるためです。欧米でもイギリスは日本と同じように家族による所有割合は少なくなっていますが，フランスをはじめとした欧州各国やアジアの国々では，家族による所有割合が高く，所有の観点からファミリービジネスが多くなっていることがわかります。

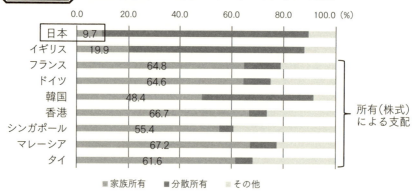

図表1-2　株式の保有割合から見るファミリービジネスの割合

(出所)　末廣（2006）『ファミリービジネス論』に基づき作成

## 2. ファミリービジネスの割合

　一方，経営の観点からファミリービジネスの割合を見るために，中小企業庁の調査を参考にすると，従業員5人以下の企業の9割以上で同族内承継が行われ，従業員300人超でも5割近くが同族内承継となっていることがわかります[注3]。

　　（注3）　三田商学研究『日本のファミリービジネス』（慶應義塾大学出版会，2013）

　当然ながら，従業員が少ない場合，同族内承継が行われていると理解できますが，従業員が300人超でも半分近くが同族内承継となっていることは少し驚きでした。**ファミリービジネスはいわゆる中小企業だけの話ではなく，中堅・大企業の約半分が行っているビジネスなのです。**

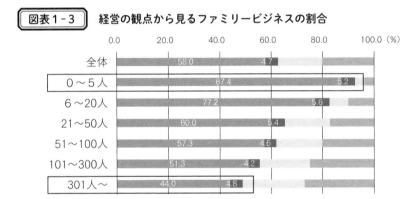

図表1-3　経営の観点から見るファミリービジネスの割合

（出所）　三田商学研究（2013）『日本のファミリービジネス』に基づき作成

# 3. 日本の老舗企業と家制度

日本は老舗大国と言われています。創業100年を超える企業数は，実に３万社以上に上ります[注4]。

(注4)　帝国データバンク (2019) によると創業100年を超える企業数は33,259社。

また，他の調査[注5]では，創業200年を超える企業は，日本では3,937社あり，２番手のドイツの1,563社を大きく超えています。次いでフランス331社，イギリス315社と続いています。

(注5)　後藤俊夫『ファミリービジネス』(白桃書房，2012)

**図表1-4**　老舗大国日本

➤創業 100 年を超える企業数(日本企業)は，| 33,259 |社。

世界の長寿企業(創業 200 年以上)

| | | | |
|---|---|---|---|
| ① | 日本 | 3,937 | 社 |
| ② | ドイツ | 1,563 | 社 |
| ③ | フランス | 331 | 社 |
| ④ | イギリス | 315 | 社 |
| ⑤ | オーストリア | 255 | 社 |
| ⑥ | オランダ | 292 | 社 |
| ⑦ | イタリア | 192 | 社 |

日本が
ぶっちぎりの
老舗大国

(出所)　帝国データバンク (2019)，後藤俊夫 (2012)『ファミリービジネス』

日本には，創業200年を超える企業が，なぜ，多いのでしょうか。

１つは，日本は島国であるために，他国との戦争を避けることができたからだと思われます。

ただ，それだけでは２番目のドイツとの差が２倍以上になることは説明できません。もう１つ重要なことは，戦前の家制度にあると見ています。家制度とは，江戸時代の武士階級の家父長制を基に，1898年に制定された家族制度（民

法）です。具体的には，家は戸主と家族から構成され，現在の戸籍に近いもの
です。しかし，現在の戸籍は2世代に限られます（三代戸籍禁止の原則）が，
家制度ではその制約はありませんでした。また，戸主は，家族の婚姻・養子縁
組に対する同意権，家族の入籍の同意権・排除権などを持ち，絶対的な権力者
でした。さらに，戸主の地位は，戸主の財産権とともに家督相続という形で，
前戸主から次の戸主へとすべて継承されるというものでした。

　一見，現在の戸籍制度と似ているように見えますが，**世代の範囲を有しない，
「戸主」が家族の婚姻などを決める，財産をすべて有するなど，内容は全く異
なり，どちらかと言えば，絶対的な権力を持ったワンマン経営的な会社（法人）
に近い制度でした。**また，戦前は，親族だけではなく，番頭さんや奉公人といっ
た血縁関係のない人々も家の範囲に内包されていたとの話もあります[注6]。

　　（注6）　米村千代『「家」を読む』（弘文堂，2014）

　つまり，家は労働組織や生活共同体という組織として位置づけられ，1つの
会社のようなものだったと推察されます。

### 図表1-5　家制度と戸籍制度の比較

| 家制度（戦前） | | 戸籍制度（戦後） |
|---|---|---|
| 江戸時代の家父長制<br>（家長が絶対的な権力を持つ） | 制度背景 | 日本国憲法の個人の尊厳と平等<br>（個人自由主義として婚姻の権利など） |
| 家は「戸主」と「家族」によって構成されるが，「戸主」が絶対的な権力を持って家族を統制している制度 | 概要 | 夫婦を基本単位として「戸主」の代わりに「筆頭者」を設けた制度<br>※筆頭者は住民票の世帯主のようなもの。 |
| 範囲の制限なし | 範囲 | 夫婦やその子供<br>（三世代を範囲にできない） |
| ➤家族の婚姻・養子縁組に対する同意権<br>➤家族の入籍に対する同意権<br>➤家族から排除する権利<br>➤家族の居所指定権<br>などの家族に対して絶対的な権利を持つ | 「戸主」もしくは<br>「筆頭者」の権利 | 戸籍の1番初めに名前が記載されたものが「筆頭者」となっているだけで，家制度の「戸主」のような権利は持たない。 |
| 戸主の地位と連携し，戸主の財産は次の戸主へすべてを譲渡させる（戸主に集中する） | 財産権 | 相続により平等に譲渡される<br>（資産は分散する） |

第1章　欧米で尊敬されるファミリービジネスの実態

　このような家制度においては、「戸主」が絶対的な権力を持ち、後継者を定めて、その育成を行います。また、子息に男子がいない場合は、優秀な番頭などを養子にとり後継者とします。また、財産もすべて、次の戸主である後継者が継承していくために、企業の存続という観点では非常に優れた制度でした。

　一方で、このような「戸主」が絶対的な権力を持った家制度は、ともすれば個人の人権をないがしろにする危険性も孕んでいました。そのため、戦後の憲法改正により、個人の権利が尊重されることになり、家制度に代わって戸籍制度が誕生しました。

　このような背景があってか、日本はファミリービジネス大国でありながら、その魅力に自ら気づくことなく、むしろ、ファミリービジネスは隠避すべき対象という傾向すらあります。

　近年で言えば、オーナー企業、同族会社における不祥事が、そのような考え方に与える影響も大きいのでないかと思います。不祥事が生じた際に、マスコミ関係者が面白おかしく報道することもあってか、ファミリービジネスの主体者たちが委縮してきたように思います。


　一方、欧米のファミリービジネスはどうでしょうか。先述したとおり、オーナー・同族会社は欧米ではファミリービジネスと呼ばれ、「資本と経営を分離し、プロフェッショナルが経営する大手上場企業」と対比する形で、「オーナー家が経営に対して強く関与をしながら成長し、雇用を生むファミリービジネス」という企業体として位置づけられ、尊敬もされています。

　また、ファミリービジネスのオーナー自身も、ファミリービジネスに対して強い誇りを持っています。カビキラーやトイレスタンプなどの製品を販売しているSCジョンソンもその1つです。その日本法人であるジョンソン株式会社のホームページ[注7]を見てみると、**企業ロゴの下に「A Family Company」と記載され、ファミリービジネスであることに誇りを持っていることがわかります**。

　（注7）　ジョンソン株式会社ホームページ（https://scjcatalog.johnson.co.jp/）

また，企業概要には，1886年のウィスコンシン州ラシーンで始まり，現会長兼CEOのフィスク・ジョンソン氏が5代目経営者であることが記され，そのフィスク・ジョンソン氏が130年もの歴史を大切にして，これまでの経営者や創業者であるサミュエル・カーティス・ジョンソンを尊敬していることがよくわかる内容が掲載されています。

図表1-6　ジョンソン株式会社のホームページ

ファミリービジネスであることに
強い誇りを持っている

これからは日本のファミリービジネスにおいても，欧米のファミリービジネスに倣って，ファミリービジネスであることに誇りを持ってもらいたいですし，筆者自身もそういった機運を作っていきたいと思います。

また，そのためにも，ファミリービジネスの支援者は，よりファミリービジネスの強みを伸ばし，適切な経営承継に関するアドバイスができるようになる必要があります。

# 4. ファミリービジネスの特徴

　ボストン・コンサルティング・グループの調査[注8]によると、海外のファミリービジネスの特徴は、 図表1-7 のとおり、ファミリービジネスの平均ROE[注9]が、GDP[注10]の変動つまり世間の好況・不況の変動に対して一定であり、非ファミリービジネスの平均ROEよりも高くなっている点にあります。

(注8)　日経ビジネスオンライン（2014/4/14）
(注9)　ROE（Return On Equity）とは自己資本利益率のこと。自己資本（株主資本）に対する当期利益の割合で、投下した資本に対して、どれだけ儲けているのかを示す指標として用いられる。
(注10)　GDP（Gross Domestic Product）とは国民総生産のこと。国内で生み出された付加価値の総額を意味して、その国の経済状況を示す指標として用いられる。

　つまり、ファミリービジネスは好不況にかかわらず、安定した収益を確保し、その平均値が非ファミリービジネスよりも高く、より効率的に効果的に収益を確保しています。逆に言えば、非ファミリービジネスは、世間の景気変動の影響を受けやすく、景気が良くなれば高い収益を上げられるものの、景気が悪くなると、収益が減少しやすいと言えます。

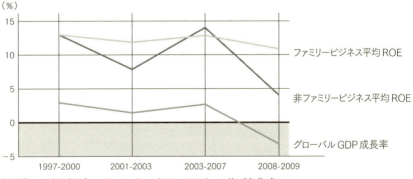

図表1-7　海外の大手ファミリービジネスは高収益で安定

（出所）　日経ビジネスオンライン（2014/4/14）に基づき作成

4. ファミリービジネスの特徴

　一方，日本企業においても，ファミリービジネスの経常利益率は5.7％（非ファ
ミリービジネス4.5％），総資産利益率[注11]は1.6％（非ファミリービジネス1.0％）
であり，非ファミリービジネスに比べて高いという調査がありました[注12]。

　　（注11）　ROA（Return On Asset）とは総資産利益率のこと。総資産に対する当期利
　　　　　　益の割合で，投下した総資産（総資本）に対して，どれだけ儲けているのか
　　　　　　を示す指標として用いられる。
　　（注12）　日経ベンチャー（2007年4月号）

| 図表1-8 | 日本のファミリービジネス（上場）も高収益 |

| 項目 | ファミリービジネス | 非ファミリービジネス |
|---|---|---|
| 経常利益率 | 5.7％ | 4.5％ |
| 総資産利益率（ROA） | 1.6％ | 1.0％ |

　特に日本では，ファミリービジネスは大手企業に至るまでの前段階の企業体
として位置づけられています。そのために，中小企業＝ファミリービジネスと
見られ，ファミリービジネスは収益性が低い，遅れた会社だと捉えられていま
す。

　当然ながら，大手企業と中小企業との比較においては，大手企業の業績が良
く，そのような見られ方をされてしまうわけですが，海外および日本の上場企
業におけるファミリービジネスと非ファミリービジネスを比較したところ，い
ずれにおいてもファミリービジネスの業績が良いことが明らかになりました。

　したがって，**ファミリービジネスが大手企業に至るための前段階という位置
づけではなく，ファミリービジネスのまま上場してもよいでしょうし，大企業
になってもなんら問題ないのです。**

　**むしろ，ファミリービジネスの収益性が高いために，あえて非ファミリービ
ジネス化するのではなく，誇りを持って，ずっとファミリービジネスとして成
長すべきなのです。**

　それでは，ファミリービジネスのほうが，なぜ，業績が良いのでしょうか。
これを検討するため，非財務に関する特徴を見ていきましょう。こちらもボス

019

トン・コンサルティング・グループの調査[注13]に下記のようなデータがあります。

（注13）　日経ビジネスオンライン（2014/4/14）

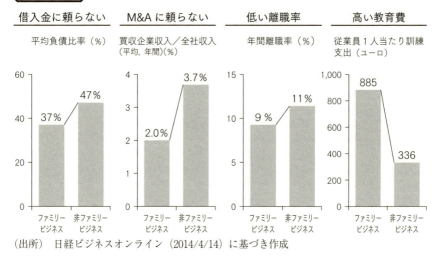

図表1-9　ファミリービジネスは手堅い行動様式で従業員を大切にする

（出所）　日経ビジネスオンライン（2014/4/14）に基づき作成

　平均負債比率[注14]はファミリービジネスのほうが低く，外部からの借入に頼らずに自己資本を重視しています。つまり，自己資本の範囲で安全な経営を実施しているということを意味します。

（注14）　負債比率とは，自己資本（株主資本）に対する負債（借入金等）の割合を示し，この比率が大きいほど，外部からの借入である負債に頼っていることを意味する。

　また，M&Aに関しては，全社収入に占める買収企業収入の割合が非ファミリービジネスのほうが高く，非ファミリービジネスは積極的にM&Aを実施していることがわかります。

　これは，非ファミリービジネスの経営幹部が短期的な目線で収益を確保しようと考えるために，自社での設備投資などよりも他社の買収を行っているよう

に思います。

　なお，M&A については最近，傾向が変わってきています。過去は，M&A はハゲタカファンド<sup>(注15)</sup>のイメージが強く，何か後ろ向きな取組みに思われていました。

> （注15）　経営破綻，経営危機に陥った企業の株式を安く買い取り，リストラなどを行い，企業価値を一時的に高めて，他社に株式を売却し，利益を確保するという後ろ向きなイメージを持たれている投資会社。

　しかし，最近は年商数億規模のファミリービジネスであっても成長戦略の1つとして，M&A を位置づけるようになりました。ただ，この事態は売り手側からみると，少し複雑な気持ちとなります。

　というのも，売却される多くの企業はファミリービジネスであることが多く，企業業績が悪くなったというよりは，後継者がおらず，その株式を譲渡したいという事情が多くなっているためです。そのような企業を少しでも減らすために，ファミリービジネスのことを正しく理解し，適切な事業承継，特に経営承継を進めていただきたいという気持ちを強く持っています。


　話が逸れましたが，続いて，従業員1人当たりの教育費と離職率について見てみましょう。ファミリービジネスは，従業員1人当たりの教育費が高く，このように従業員を大切にしているために，離職率も低くなっています。これもファミリービジネスの大きな特徴と言えるでしょう。

　このように，**ファミリービジネスは従業員などへの投資を大切にして，自己資本の範囲で安全な手堅い経営をしていることがわかります。このことが，景気の変動を受けずに，安定的に高い収益性を確保していることにつながっています。**

第1章　欧米で尊敬されるファミリービジネスの実態

　次に，コンサルティングサービスを提供するなかで，実際に接してきたファミリービジネスの特徴を挙げるとしたら，以下のとおりです。

(1)　オーナーを中心にワンマン的な経営がなされ，意思決定が迅速に行われている。

(2)　従業員に対する評価はその能力というよりも，年齢や家庭状況なども考慮され，人物全体で評価されている傾向がある。

(3)　創業事業を中心にアメーバ的にその事業領域を徐々に拡大している。

(4)　内部留保が手厚く，借入よりも自己資本をベースとした投資を心掛けている。つまり，あまり無理な投資は行わない。

(5)　M&A などによる外部資源の取込みには消極的であるが，現在は変わりつつある。


　みなさまのファミリービジネスは，これに当てはまるでしょうか。


　これらの特徴を踏まえて，ファミリービジネスの支援者として，どのようなことに配慮が必要かを考えてみましょう。

　基本的にはファミリービジネスは手堅い行動様式であることを理解して，無理な借入や積極的な M&A などの実行についてアドバイスをすることは控えるべきでしょう。

　当然ながら，ファミリービジネスのオーナーにおいても借入や M&A に積極的な方もいるかと思いますが，その場合は，ファミリービジネスは手堅い行動様式が特徴であることを説明し，100年，200年永続発展できるためには，実施しようとしていることが無理な投資ではないか，再度，検証する必要があることをアドバイスすべきでしょう。

　ただし，ファミリービジネスにおいて，何ら投資をしてはいけないわけではなく，自己資本をベースに投資を行い，永続発展できるような成長戦略を描くことが重要です。

022

## 4. ファミリービジネスの特徴

　ファミリービジネスの支援者も，無理な投資でないかを検証しつつ，永続発展できるように，ファミリービジネスのオーナーと共に次の成長戦略を検討し，その実践を支援していく必要があります。

　そのようなアドバイスができる支援者はますますファミリービジネスのオーナーとの関係性が深まり，共に成長が期待できます。しかし，そのようなアドバイスができない支援者は，他の支援者に切り替えられるリスクが高まることを認識すべきでしょう。

# 5. ファミリービジネスの成功要因

　ミラーらによる調査[注16]において，長期に成功しているファミリービジネスの経営者にヒアリングした結果，非ファミリービジネスと比べて以下の4つのCに取り組んでいるという特徴を見出しました。

> （注16）　Miller, D., & Le Breton-Miller, I. (2005) *Managing For The Long Run*, Harvard Business School Press.

**図表1-10**　ファミリービジネスの成功要因　4つのC

| | |
|---|---|
| ①Continuity（継続性）：夢の追及 | 永続的かつ本質的なミッションを追求し，それを実現するための健全で息の長い会社づくりを図る。（強み（コア・コンピタンス）のあくなき追求と組織の健全な存続） |
| ②Community（コミュニティ）：「社族」を束ねる | 強い経営への参画意識（コミットメント）とモチベーションを持つ人員によって，結束といたわりの組織文化を育む。（明確な価値観と目的を示し，組織全体に浸透させる。） |
| ③Connection（コネクション）：良き隣人，パートナーであること | 会社を長期的に支える永続的な「win＝win」関係を外部の関係先と結ぶ。（従業員のみならず，顧客，取引先，社会一般とも永続的な互恵関係を結ぶ。） |
| ④Command（コマンド＝指揮権）：自由な行動と適応 | 状況に即して勇気ある決断を下す自由と，俊敏な組織を保つための自由を維持すること。（独立性に基づく自由で迅速な意思決定とたゆまぬ刷新。） |

（出所）　Miller and Miller（2005）に基づき作成

　一般的な企業であってもいずれの項目も重要であると思われますが，ファミリービジネスにおいては，いずれに偏ることなく，バランスを持って，4つのCに取り組む必要があります。

　特に，オーナーによるワンマン体制になると，4つ目のCommand（自由な行動と適応）が強くなり，先に挙げた3つのCがおざなりになる傾向がありますが，長期にわたってファミリービジネスの永続を志向するには，これらの4つのCへの取組みと，そのバランスをいかにして維持するかが重要です。

# 6. ファミリービジネスの強み

　次に，ファミリービジネスであるがゆえの強みについて見ていきましょう。

　これまでのファミリービジネスに関する研究や実際にファミリービジネスのコンサルティングに関わるなかで，ファミリービジネスは，大きく，3つの強みを有していると考えています。

---

① 目先の利益にとらわれない長期的視野に立った経営活動の推進
② 創業者の代から受け継がれた共感が持てる経営理念（創業精神）の浸透
③ 所有と経営が一体化していることによる意思決定の速さと独立性

---

### ① 目先の利益にとらわれない長期的視野に立った経営活動の推進

　ファミリービジネスの強みは，何といっても長期的な視野を持った経営ができることに尽きます。一般的な上場企業や大企業の経営者の在任期間は，2期4年もしくは3期6年程度ですが，ファミリービジネスの場合は，最低10年以上，創業者などは30年以上と長くなります。

　**一般企業の場合は，代表者として在任している数年の間で経営成果を出そうと考えるために，どうしても短期的，長く見ても数年といった中期的な目線での経営となってしまいます。**そのため，短期的に収益が期待されるビジネスに傾斜しがちになります。例えば，シャープは液晶ビジネス，東芝は原子力発電ビジネスに傾斜してしまい，経営の屋台骨まで揺るがす事態を引き起こしてしまったことは記憶に新しいことです。

　**一方，ファミリービジネスの場合は，会社の存続を第一と考えつつ，長期的な目線に立った経営戦略を遂行する傾向があり，当面の赤字が続いても，長期的に見て企業業績に寄与すると考えると，その事業領域に取り組みます。**

025

第1章　欧米で尊敬されるファミリービジネスの実態

　例えば，サントリーにおけるビール事業は，1963年に立ち上げられましたが，長期間赤字続きで低迷していました。転機は2003年の「ザ・プレミアム・モルツ」の発売です。まもなくして，当時，プレミアムビールの座に君臨していたエビスビールを抜いて，モンドセレクションのビール部門で最高金賞を受賞し，2008年にビール事業開始以来初となる単年度黒字を実現します。

　つまり，1963年から2008年までの約45年間（半世紀近く）ずっと赤字だったのです。一般上場企業であれば，赤字が3～5年も続けばその事業から撤退するのではないでしょうか。しかし，サントリーはそのような判断をせず，当時，ウイスキーを中心としていた酒事業において，ビールの必要性を認識し，ビール事業を継続しました。「ザ・プレミアム・モルツ」の成功によって，黒字化を達成し，その後，第三のビールなども発売し，今ではビール事業も重要な収益事業となっています。

　さらに現在は，ビール事業で開拓した外食産業において，本業のウイスキーを活用したハイボールの拡販も行い，ハイボールブームも引き起こしました。これまでお荷物として見られていたビール事業によって，会社全体が活性化した事例と言えます。

　また，サントリーの開発ドラマとして，青いバラの研究も有名です。青いバラの実現には20年もかかっており，しっかりと基礎研究に取り組んでいることが伺えます。

　**このように，短期，中期的な目線ではなく，10年，20年といった長期のスパンで経営を考えることができることは，ファミリービジネスの大きな強みです。その経営手法は，ファミリービジネスの各経営者が前任者からバトンを受けて，その在任期間中に将来コアとなる新しい事業を1つ立ち上げる，といったイメージを持つとよいと思います。**

　例えば，トヨタグループにおいては，グループの創業者である豊田佐吉氏が自動織機を発明し，これまでの家業を豊田紡織株式会社として設立しています。2代目の豊田喜一郎氏は豊田紡織に勤務しながら，将来の自動車産業に希望を

持ち，社内に自動車部門を立ち上げ，のちにトヨタ自動車工業株式会社として独立させています。3代目の豊田章一郎氏は父・喜一郎氏が亡くなった後に，トヨタ自動車に入社し，建売住宅とマンション分譲を中心とした不動産開発部門と注文住宅部門を立ち上げ，自動車で培ったノウハウを活用した工業化住宅として展開し，現在のトヨタホーム株式会社として独立させています。

　4代目の豊田章男氏は現トヨタ自動車の代表取締役社長として，消費者向けの情報サイト「GAZOO」の立ち上げ，積極的な海外展開や次世代の自動車としてエコカーなどを推進しています。これからも先代の活動を糧に，積極的な成長戦略を推進されていくものだと思われます。

## ②　創業者の代から受け継がれた共感が持てる経営理念（創業精神）の浸透

　2つ目の強みは，創業者の代から受け継がれる経営理念の浸透です。

　先に挙げた4CにおけるConnection（良き隣人，パートナーであること）でも述べたとおり，従業員をはじめとしたステークホルダーから信頼を得ていることは非常に重要なことです。また，後継者においても創業者から受け継がれる経営理念（経営精神）に基づき，地域社会（世間）に見られている意識からも正しい行動を行うようになります。例えば，近江商人の「三方よし[注17]」などは売り手だけの利益ではなく，買い手や社会にまで目配りしており，その精神は先代の経営者に浸透してきました。

> （注17）「売り手よし」「買い手よし」「世間よし」の3つの「よし」のことを意味し，売り手だけではなく，買い手も満足し，さらに社会貢献できるような商売が良いということを意味する。

　このような経営理念（経営精神）は，過去から脈々と受け継がれる行動規範となっています。


　また，**老舗企業においては，経営理念といった会社の創業精神だけではなく，家としてのルールである家憲や家訓を定めているところも多くあります。**例え

ば，江戸初期から続く三井家の創業者である三井高利（1622～1694年）は，当時は掛け売り（ツケ払い）が当たり前の時代に，「現金掛け値なし」という公正な価格で現金取引で販売するという方法で事業を大きくしたことで有名で，下記のような三井家の家訓[注18]を残しています。

> （注18）　田中真澄「百年以上続いている会社はどこが違うのか？」（致知出版社，2015）

| 図表1-11　三井家の家訓 |
| --- |

1．単木は折れやすく林木は折れ難し，みんな共に睦まじく力を合わせ，家運の強固をはかれ。
2．各家の営業から生まれる利益は必ず一定の積立金を引き去った後，初めて各家に配分すること。
3．各家の内より一人の年長者を挙げ，老分と称してこれを全体の総理とし，各家主は皆，老分の名を聞くものとする。
4．同族は決して相争うことをしてはならぬ。
5．かたく奢侈（＝贅沢）を禁じ，厳しく節倹を行うこと。
6．名将の下に弱卒なし。賢者能者を登用することに最も意を用いよ。下に不平怨嗟の声がないように注意すること。
7．主人はすべて一家のこと，上下大小の区別なく，これに通暁することに心がけること。
8．同族の小児は一定の年限内においては，他の店員と同一の待遇をなし，番頭手代の下で働かせ，決して主人としての待遇をしてはならぬ。
9．商売は見切り時が大切であることを自覚すること。
10．長崎に出て，外国と商売取引をすること。

　家訓の項目として，「一族仲良くしなさい」「喧嘩してはいけない」「質素倹約に暮らしなさい」「一族を平等に扱いなさい」などのやや当たり前な精神論的なこともありますが，9番目の商売の見切りや10番目の長崎での外国との取引の指針については，当時は非常に斬新だったのではないかと思います。

　「現金掛け値なし」といった独自の販売方法を発案した三井高利ならではの家訓で，ビジネス面までしっかりと目配りしていることがわかります。

この家訓自体は今から300年以上前に策定されたものですが，6番目の賢者を登用しなさいとか，8番目の同族の後継者であっても他の店員（従業員）と同じ処遇にするということは非常に示唆に富みますし，周りからも共感されるものだと思います。

このように，**数百年も続くファミリービジネスの老舗企業には，後継者が道を踏み外さないような仕組みが備わっているのです。**

### ③　所有と経営が一体化していることによる意思決定の速さと独立性

最後の強みは，所有と経営の一体化していることによる意思決定の速さと独立性です。

こちらも先に挙げた4CにおけるCommand（自由な行動と適応）で述べたとおり，特に，事業環境が大きく変化する現在，適切な意思決定を迅速に行っていくことは非常に重要です。

では，所有と経営が分離しているとどのような問題が生じるのかを簡単に見ていきましょう。

一般的に所有と経営が分離されていると，エージェンシー問題が発生すると言われています。

エージェンシー問題とは，企業を所有する依頼人（株主）が経営を委託した（任せた）代理人（雇われ経営者）が自己の利益を追求する場合，依頼人（株主）の利益を損ねる可能性があり，その調整にコストがかかるという問題です。

例えば，代理人（雇われ経営者）の報酬が当期企業業績に連動する場合，代理人（雇われ経営者）は長期的な企業業績を加味せずに，短期的な企業業績を意識して，博打のような大型投資案件に手を出し，結果として，将来にわたる問題を引き起こし，依頼人（株主）の権利を損なうことがあります。シャープの液晶ビジネスや東芝の原子力発電ビジネスへの大型投資がこれにあたるのでないかと思います。

しかし，所有と経営が一致しているオーナー経営者は先に説明しましたとお

り，手堅い行動様式をとることが多く，その投資が失敗したときの最大リスクを考え，あまり無理な投資はしない傾向があります。

　ただ，所有と経営が一体化していることは必ずしもメリットばかりではありません。例えば，ファミリービジネスの弱みでもあるガバナンス機能の欠如，ワンマン体制を引き起こすリスクも大きくなります。

　詳しくは後ほど触れることにしますが，ファミリービジネスの永続性を志向していくには，ワンマン経営からチーム型経営に移行していくことが重要で，意思決定の速さと独立性を担保した合議的な意思決定の仕組みを整備する必要があります。

# 7. ファミリービジネスの弱み（危うさ）

次にファミリービジネスの弱み，危うさについて見てみましょう。下記のいずれの項目も，ファミリービジネスのコンサルティングの場やファミリービジネスのオーナーや後継者などにお伺いするとよく耳にすることです。

---

① ガバナンス機能の欠如による会社の私物化

② 親族に対する甘さ

③ 後継者問題

---

## ① ガバナンス機能の欠如による会社の私物化

ガバナンス機能とは聞き慣れない言葉かもしれませんが，ガバナンスとは日本語では「統治」と訳され，うまくまとめていくことを意味します。

コーポレートガバナンス，つまり，企業統治という言葉で使われることが多く，平たく言えば，企業において正しく経営できるように管理していくという意味になります。

では，ガバナンス機能の欠如とはどのような意味かと言えば，経営者が何か問題がある行動をしている際に，「ノー」と言える，正すことができる仕組みがないということを意味します。いわゆる悪い意味でのワンマン経営の状態です。

大王製紙事件の背景は，まさにガバナンス機能が欠如していたと言えるでしょう。

大王製紙株式会社は東証1部上場企業ですが，創業一族の3代目である井川意高会長が，2010年5月から2011年9月までにわたってカジノの賭け金のため

に100億円を超える資金を不正に子会社から引き出した事件です[注19]。

(注19)　大王製紙「大王製紙特別調査委員会　調査報告書」(2011)

　本来であれば，これほど巨額の融資を実行する場合，会社法の定めによって取締役会などでの決裁過程において，このような不正は防がれるはずです。しかし，大王製紙の企業グループにおいては，そのような仕組み，つまり，ガバナンス機能が欠如していたために，100億円を超える資金がその使用用途が不明のままに井川意高会長に融資されました。

　また，当然ながら融資を実行した担当者らはおかしいと気づいていたかと思いますが，そのような声を拾うような仕組みもなかったと言えます。現在，一般的になってきました内部通報制度なども，ガバナンス機能の1つだと言えます。

　最近の事例で言えば，ファミリービジネスではありませんが，日産自動車のカルロス・ゴーン氏をめぐる問題を見ると，日産自動車にはガバナンス機能が欠如していたと言わざるを得ません。

　この事案は，現時点では有価証券報告書の虚偽記載（金融商品取引法違反）と特別背任罪の容疑の段階で，その真相は明らかになっていません。しかし，各社報道を見る限り，役員報酬を実際の支給額よりも少なく見せるために有価証券報告書に虚偽の記載をしたとか，カルロス・ゴーン氏の私的な投資で生じた損失を会社に肩代わりさせたなど，公私混同がひどく，会社を私物化しているように思えます。

　これがまた東証1部上場企業であり，さらに言えば，日産自動車という日本を代表するような大企業で起きました。そのような大企業においても，ガバナンス機能が欠如していたということです。

　大王製紙および日産自動車は東証1部上場企業でありながら，ガバナンス機能が欠如していたわけですが，多くのファミリービジネスは中小企業です。中小企業では，取締役会が機能していない，すなわち，開催されていないことも

実体としては多いと思います。

　当然ながら，ファミリービジネスのオーナーが従業員や社会のことを考えて行動している場合は，このような会社を私物化するような問題は生じませんが，少し魔が差したりすると，オーナーによって会社が私物化され，永続発展できるファミリービジネスからは遠ざかることになります。

　井川意高氏とカルロス・ゴーン氏についても，共通して言えることですが，両名とも実は大変優秀な経営者だったのです。

　井川意高氏は東京大学に現役合格し，卒業後，1987年に大王製紙に入社し，20代のうちから赤字子会社などの立て直しや大型設備投資などを行っています。その成果も認められ，42歳のときに代表取締役に就任し，大王製紙の成長に寄与してきました[注20]。

　　（注20）　井川意高「熔ける　大王製紙前会長　井川意高の懺悔録」（双葉社，2013）


　一方，カルロス・ゴーン氏は，1999年の日産自動車とルノーとの資本提携をきっかけに，経営状態が悪化していた日産自動車の立て直しのために，日産自動車の最高執行責任者（COO）に就任します。当時，コストカッターとの異名を持つカルロス・ゴーン氏は日産リバイバルプランを策定し，短期間のうちに日産自動車の経営状態を復活させました。その成果も認められ，日産自動車およびルノー本体の最高経営責任者（CEO）にも就任しました。


　このように，井川意高氏とカルロス・ゴーン氏は共に非常に優秀な経営者だったのです。

　しかし，なぜ，このような優秀な経営者が会社の私物化に至ったのでしょうか。

　経営者の心の持ちようと言えばそれまでですが，一般的に企業変革などに成功を収めれば収めるほど，当然ながら権力を持つことになっていきます。

　その過程では，何か問題があったときや間違ったことをしたときに，指摘するような腹心や他の権力者もいたと思いますが，徐々にその者の退任や排除な

どを通じて，圧倒的な権力を得ることになり，その結果，会社を私物化してしまったのではないかと思います。

そのような権力を得ていく過程において，もし，取締役会のような相互に牽制できる仕組み，つまり，ガバナンス機能が備わっていたら，特定の経営者が権力を持つことはないのでないかと思います。

このように，経営者が成功したことによって権力を得ることでガバナンス機能が欠如することもあれば，他では，過去の成功体験に縛られてしまい，外部環境が大きく変化した際にガバナンス機能が働かなくなることもあります。組織で上層部にいる方の多くは過去の事業環境での成功者であるため，過去の成功体験によって事業環境などが美化されて認識されていることがあります。そのために，**過去に成功した事業に対して，予見されるリスクを進言し，リスクヘッジを検討できるようなガバナンス機能を持つ企業が少ないように思います。**

今後，永続するファミリービジネスを実現していくには，不正，いわゆるコンプライアンス（法令遵守）レベルのガバナンス機能（守りのガバナンスとも呼ばれる）の構築に加えて，**継続的に企業価値の向上につなげられるように攻めのガバナンス機能を強化し，ビジネス上のリスクヘッジや新しい可能性に気づくことができる仕組を構築すべきです。**
例えば，後に紹介する合議的な経営意思決定を推奨するチーム型経営もその1つでしょうし，昨今，話題になっている社外取締役の就任もその1つの流れです。

## ② 親族に対する甘さ

親族に対する甘さとは，ご子息や親族などが会社に就業している場合，例えば，そのファミリー社員と従業員において処遇に差をつけることなどを指します。そのような会社では，従業員のモチベーションが大きく低下します。
**一般的には，ファミリービジネスにおけるファミリー社員の処遇としては，**

**特別扱いしないことが重要になります**。すなわち，ご子息や親族の会社における処遇は，役職なども年齢や勤務年数などに応じて定め，給与も会社のルールとして定められている給与テーブルに沿って処遇すべきです。

例えば，30歳の正社員であれば，平均的に主任の役職に就き，月額給与は30万円である場合，ご子息であっても同様に，主任職とし月額給与は30万円で処遇すべきです。

ご子息だからといって，50万円にすべきではないでしょうし，課長や部長としての能力がないにもかかわらず，そのような上席の役職に就ける必要はありません。あのトヨタ自動車であっても，現社長の豊田章男氏が入社した際は，父・章一郎氏は特別扱いしなかったそうです。

このように，基本的にはファミリー従業員は他の従業員と同じように取り扱うべきです。

また，一般的にファミリービジネスにおけるオーナーの後継者や一族のファミリーは将来的に要職に就くことが望まれていることから，ある程度ファミリービジネスが大きくなってくると，ファミリーの入社（採用）や処遇に対するルールを整備し，そのルールに従ってファミリーを取り扱うことが望ましいと考えます。

そのようなルールがなければ，ご子息だけではなく，他の親族から会社に入れてもらいたいと言われた際に，なし崩し的に能力を判断せずに採用することになり，場当たり的な対応になってしまうことが多くなります。

そのような場合に備えて，親族採用のルールを整備しておけば，「当社としては，このような基準でファミリーを採用・処遇している」とルールを明示することで，なし崩し的にファミリーだからという理由だけで採用することは避けることができます。

このような基準を整備しておくことで，他の従業員に対しても会社をファミリーによって私物化していないことを示すことができます。


もう1つ親族に対する甘さの例として，親族が不正やコンプライアンス違反

などをしたときの処置があります。昨今のコンプライアンス違反の事案を見ていると，基本的なコンプライアンスに対する意識不足ということも多くなっています。従業員は会社がファミリー社員をどのように処分するかも見ていますので，これも従業員と同じように処分すべきだと考えます。

したがって，ファミリービジネスに関わるファミリー社員を含むすべての従業員に対して，どのようなこと（例えば，パワハラ，セクハラ，その他の法令違反）をすれば処分されることになるのかは，あからじめルールとして示しておき，コンプライアンス意識も醸成しておくことが重要です。

## ③　後継者問題

ファミリービジネスの2つ目の弱みである親族に対する甘さは，後継者（親族）が存在し，その後継者が実際にファミリービジネスに入社している状況で起きる危うさです。

3つ目の後継者問題とは，ファミリービジネスのオーナーにご子息がおらず，他に後継者となるような親族もいない場合や，ご子息はいるものの，ファミリービジネスを継ぎたくないという状況で起きるものです。冒頭に述べた廃業危機問題がまさにこの後継者問題です。

後継者問題がある場合，ファミリービジネスにどのような問題を引き起こすのでしょうか。

例えば，現オーナーが高齢化し事業承継，つまり，次に経営のバトンタッチをしなければならなくなったときに，事業を継続できないという問題に直面します。仮に，経営者だけの機能を引き継ぐ場合は，従業員のなかで最も良くできる者（最も役職の高い者）に社長の座を譲ればよいでしょう。

しかし，事業承継はそれだけでは済みません。経営者の交代だけではなく，株式の承継も必要となります。ファミリービジネスが中小企業だからといって，株式の価値がゼロであることは少なく，事業承継を完全に済ませるには従業員に株式を買い取ってもらう必要があります。しかし，少なくとも数百万円，会

## 7. ファミリービジネスの弱み（危うさ）

社規模によっては数億円の企業価値がある場合，従業員ではなかなかその株式をオーナーから買い取ることができないでしょう。

さらに中小企業においては，株式だけの問題ではなく，金融機関からの借入金に対する個人保証の問題があります。

個人保証とは，中小企業が金融機関から融資を受ける際に，会社の信用だけでは融資を受けることができず，追加で経営者や親族などが個人でその借入金に対する返済を保証することを意味します。したがって，会社が倒産した場合，個人保証として経営者は自宅なども担保として提供していますので，自宅までなくなってしまいます。

従業員が仮に経営者としてのバトンを引き継ぎ，オーナーの株式を買い取るために金融機関から借入を行い，さらに会社の借入金に対してまで個人保証をするでしょうか。本人がよくとも，配偶者や親族がおそらく反対します。そのため，現実的な問題として，従業員への事業承継は難しい状況となっています。

また，後継者問題は現オーナーにご子息がいない場合だけではなく，ご子息はいるものの，そのご子息が会社を継がないという後継者問題が生じることもあります。これは，ご子息が継ぎたくないということもあるかと思いますが，むしろ，オーナー，特にその配偶者がご子息には会社を継がせたくないということが多いように思います。

昔は，家内工業的に仕事場と家の距離が近く，オーナーのご子息が小さいうちから仕事場で遊んだり，従業員と一緒に暮らしたりすることも多く，自然と事業を承継してきたようですが，近年は仕事場と家の距離が遠くなり，配偶者自身が会社のことを知らなかったり，オーナー自身が家では仕事の話をしなくなったりしているようです。

そのため，ご子息が自身の家業について興味を持っていなかったり，個人の自由な生き方を尊重すべきという社会的な風潮もあってか，オーナーご夫妻が子供には自分の好きなことをしてもらいたいと言われることも多くなっています。

**このご子息のことを思って言われている「自分の好きなことをしてもらいた**

い」というのは実は NG ワードです。言われたご子息の立場からすると，親から突き放されたと感じ，心のなかで「自分は期待されていない」と思い，ファミリービジネスに向き合わないばかりか，親子関係にも悪影響をもたらす可能性があります。

　むしろ，「家業を継いでもらいたいが，それ以上にやりたいことがあればそちらをしてもらってもよい」とメッセージを伝えたほうが，ファミリービジネスを継ぐかどうかはわかりませんが，より前向きにいろいろなことに取り組むことになります。

　このような背景もあって，ご子息がいても後継者として事業を承継せずに，黒字であっても廃業を選択したり，他社に事業譲渡したりすることも多くなっています。

　100年，200年続くファミリービジネスを実現するには，後継者候補となるご子息や配偶者などをはじめとした親族と，できるだけ早期にファミリービジネスに関する情報を共有することが最初の一歩となります。事業承継は時間がかかるために，余裕を持って計画的に進めていく必要があります。

# 8. ファミリービジネスの課題

　ファミリービジネスは、特に創業オーナーの場合、事業承継が最も難しい局面を迎えることとなります。アメリカの調査結果[注21]ですが、1代目から2代目に事業承継された比率は約30％であり、さらに3代目に事業承継された比率はその約30％となります。

　　(注21)　後藤俊夫『ファミリー企業における長寿性』(関西国際大学地域研究所, 2004)

　そのため、1代目から3代目まで無事に事業承継される可能性は約10％ほどであり、逆に言えば、約90％は3代目まで事業が承継されていません。

　他の研究結果でも3代目への承継比率はわずか3％というデータもあります。よく「3代目が会社をつぶす」と言われていますが、あながち間違っていないのです。

図表1-12　**ファミリービジネスにおける事業承継の成功率**

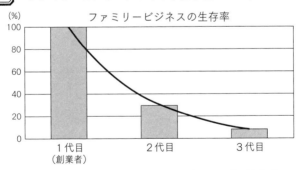

(出所)　後藤俊夫(2004)『ファミリー企業における長寿性』に基づき作成

　事業承継が難しい理由としては、外部環境からの観点では、多くのファミリービジネスのオーナーは1代につき少なくとも10年、長ければ30年ほど経営者を務めることになりますが、その期間でビジネスモデル自体が陳腐化して、

ビジネス環境の変化についていけなくなってしまうことも多いことがあります。

　また，社内環境からの観点では，経営者が交代するなかで，社内の意思決定のシステムや各ステークホルダー（経営幹部，従業員，取引先など）とのパワーバランスが崩れてしまい，先代と同じような関係性を維持できないことも挙げられます。

　これらの課題を解決するためには，**後継者は外部環境の変化に対応できるビジネスモデルの変革と，社内環境の変化に対するために各ステークホルダーとの関係性の再構築や新たな経営幹部の登用など，大きな経営変革に取り組む必要があります。**

　ところで，このような課題を乗り越えて，晴れて事業承継に成功したと言えるのですが，後継者は一般的にファミリー内（ご子息等）から選ぶ必要があり，必ずしも優秀な後継者を得られるとは限らないことと，日本では相続税が高く，自社株式の相続税を払うことができないという制度上の問題もあります。

　ただし，後者の相続税などの制度上の問題については，国もその重要性を認識して，非上場株式等についての相続税・贈与税の納税猶予および免除の特例を設けるなどしています。例えば，特定の要件を満たした場合，非上場株式を相続もしくは贈与する場合，その株式に係る税金が全額，納税を猶予されることとなり，大企業などでなければ，相続税上の問題はかなり解決されるようになりました。

　前者の優秀な後継者の獲得についても，以前は長男が事業を継いでいくという家父長制の意味合いが強かったわけですが，欧米のファミリービジネスの最新の取組みを見ていると，後継者候補をできるだけ多く確保したいということから，株式を分散化させて，分家までをファミリーとして認識して，できるだけ多くのファミリーを自社のファミリービジネスに関わらせようという動きも出てきています。

　なお，その場合，株式が分散化してしまうという新しい問題も発生するため，それをうまくマネジメントする仕組みも新たに検討しなければなりません。一

一般的にはファミリーガバナンスと言われる分野であり，後に触れたいと思います。

このように，ファミリービジネスにおける事業承継は困難を伴いますが，新しい取組みも見られるようになっています。ただ単に「事業承継が問題だ」と騒いでも解決はしません。他でうまく対応されている事例などを参考にして，ご自身のファミリービジネスにおいて，事前の対策を検討する必要があります。

# 9. 事業承継で重要なこと

　ファミリービジネスにおいては，事業承継への取組みが大変重要であるため，もう少し事業承継について見てみましょう。
　事業承継は大きく2つの分野，すなわち株式を中心とした資産承継と経営承継に分けることができます。

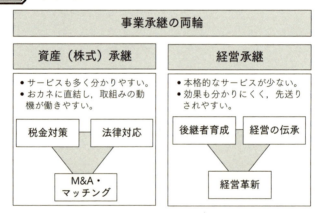

図表1-13　事業承継の両輪

　世間で一般的に事業承継といった場合，対象となるのは，資産（株式）承継になります。
　つまり，自社の株式をどのように後継者に継がせるのかですが，金融機関や税理士などがさまざまなサービスを提供していることや，節税目的などでお金にも直結することから取り組む動機が働きやすい分野と言えます。先に紹介しました非上場株式等についての相続税・贈与税の納税猶予および免除の特例もこの分野に関することです。
　以前は株価対策として，株価の値上がりを抑えるとか，株式の評価を一時的

に下げて，そのタイミングで後継者に株式を譲渡するなどの方法がありましたが，納税猶予の特例ができてからはそのような取組みはしなくとも，有効な対策をとれるようになりました。

また，後継者がいない場合，株式を第三者に譲渡する，いわゆる M&A もこちらの資産承継の範疇となります。資産（株式）承継も決して簡単なことではありませんが，事業承継の両輪の１つである経営承継に比べると，取り組みやすい分野と言えます。

一方，**経営承継とは，ファミリービジネスの経営自体を後継者に承継することを意味します。**

経営とは，各ステークホルダーとの関係性もあれば，ビジネスモデルや，もっと上位概念で言えば，経営理念や経営ビジョンといったものも当てはまります。その多くは目に見えないものであり，それを後継者に承継することが経営承継となります。

しかし，株式と違って，その承継はどのように進めればよいのかについての一般的な手法も公開されておらず，サービスとして提供している専門家も少ないために，先送りになりがちな分野となっています。

本書の目的は，このような経営承継を先送りにしているファミリービジネスに対して，経営承継をどのようにして進めればよいのか，１つのひな型を提供することです。

現在，ファミリービジネスに対してサービスを提供している税理士（税理士補助），中小企業診断士，社労士，司法書士，金融機関などの専門家が経営承継の担い手になることが期待されており，その担い手をファミリービジネスマネジメントコンサルタント®(注22)という新たな職種とすることを提案したいと考えています。

> (注22) ファミリービジネスマネジメントコンサルタント® は株式会社日本 FBM コンサルティングの登録商標であり，ファミリービジネスに関する事業承継・経営承継・経営革新などの課題解決に対応する専門家を意味します。

# 経営者と後継者がうまくいく共同就業のタイミング

　経営承継をうまく進めていくには，いつか，経営者と後継者による共同就業のタイミングが発生します。もし，そのタイミングをコントロールできるのであればいつが良いのかについて，ライフステージの理論を基に，明らかにした論文をご紹介します。

　最も適切な共同就業のタイミングは，現経営者（父親）が51〜60歳，後継者（息子）が23〜33歳に実施されるのが望ましいそうです。

　その理由としては，父親が50代になる頃には，中年期の終わりを意識し始め平穏な時期が到来します。さらに，悩ましい40代を乗り越えた50代は，これまでの経験を持ち合わせているため，若者のより良いメンター（相談相手）となります。

　一方，息子が23歳から33歳になる頃には，多くの選択肢の中から自らの進路を選ぶことへの欲求と，より多くの選択肢を持ち続けたいと考えるようになります。また，安定への欲求と共に，成長するための外部からの要求を期待するようになります。このような状況において，自分自身が持つバイタリティを活かし，より挑戦的になります。

　このように，それぞれの年齢において，父親は後継者の育成を望むようになり，息子は仕事における夢の実現をサポートしてくれるメンターを探すことになるそうです。そのため，父親が50代で息子が23歳から33歳の時，仕事における両者の関係は比較的協調的となります。

　そのタイミングを過ぎるとどうなるのでしょうか。父親が60代になる頃には，父親の会社における意味のある活動が減少し，自身と会社との関係も弱まってきます。しかし，父親は会社や社会からの要請とは裏腹に，会社に残ることを求めるようになります。

　一方，息子は34歳から40代になる頃には，独立したいという気持ちが強まり，一人前の男になることを求めます。このように，父親の会社に残りたいという欲求と，息子の父親から独立して仕事をしたいという欲求がぶつか

り合うことになります。
　そのため，父親が60代で息子が34歳から40代の時，仕事における両者の関係は比較的問題の生じる可能性が高まります。

　多くのファミリービジネスにおいて，現経営者はすでに60歳になっていることも多いかと思いますが，このようなライフステージの理論があることを意識して，後継者との共同就業を一度検討されてはどうかと思います。
　また，同論文では下記のとおり，共同就業におけるポイントも挙げています。ぜひ，ご参考ください。
⑴　安心して共に働けるか
⑵　共同就業から喜びが得られるか
⑶　共同就業により目標が達成できるか
⑷　お互いに学び合うことができるか

**【経営者と後継者における年齢による関係性※】**

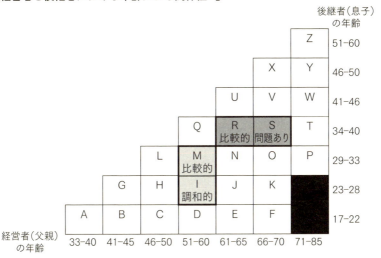

※Davis, J. A., and Tagiuri, R. (1989), *The influence of life stage on father-son work relationships in family companies*, Family Business Review

次に，共同就業しながら，どのように事業承継（経営承継）を進めていくのかについて研究された論文をご紹介します。

理想的な事業承継のプロセスは，現経営者がリーダーとして振る舞いつつ，徐々に後継者に権限と責任を委譲し，後継者がリーダーとなった段階では，現経営者がメンターとして支えるというものです。このプロセスが進展していく過程で後継者が正当性を獲得していくことになります。後継者が現経営者に対して能力を提示し，現経営者がそれを認め，権威付けしていくことになります。

その過程において，後継者は企業家ではなく，マネジャーとしての役割を自認し，リーダーシップを発揮します。ただ，マネジャーといえどもリスク志向性が低いわけではなく，ファミリービジネスを永続させるために困難な意思決定をすることが多いです。

**【理想的な事業承継プロセス[※]】**

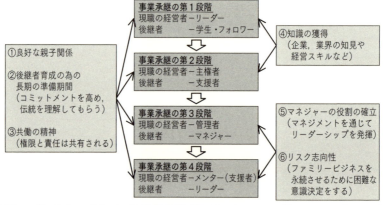

[※] Cater Ⅲ, J. J., and Justis, R. T. (2009), *The Development of Successors From Followers to Leaders in Small Family Firms*, Family Business Review

いずれの論文においても，一定の段階になると，現経営者が後継者のメンターとして振る舞い，サポートする段階を設けることを推奨しています。経営者という立場ゆえに，後継者をライバル視されている現経営者の方も見受けられますが，経営承継を成功させるには，後継者を傍で温かく見守り，必要な時にアドバイスを施すメンターのような立場として，一度，後継者と接してみてはいかがでしょうか。

# 第2章

# ファミリービジネスを考える
# うえでのフレームワーク

　　ファミリービジネスを考えるうえで最も重
要なフレームワークとして，スリーサークル
モデルがあります。

　　スリーサークルモデルとは，ファミリービ
ジネスを1つのシステムと見たとき，経営
（ビジネス），所有（オーナーシップ），家族
（ファミリー）の3つのサブシステムから構
成されているという考え方です。

　　本章では3つの分野それぞれで検討すべき
ことや，家族（ファミリー）の分野での分析
手法であるジェノグラム分析について説明し
ます。

# 1. スリーサークルモデル

　ファミリービジネスを考えるにあたって，最も重要なフレームワークとして，ハーバード・ビジネススクールの教授であったTagiuriとDavisが提唱した**スリーサークルモデル**という考え方があります。

　スリーサークルモデルとは，ファミリービジネスを1つのシステムと見たとき，経営（ビジネス），所有（オーナーシップ），家族（ファミリー）の3つのサブシステムから構成されているという考え方であり，それぞれのサブシステムが機能していなければ，全体としてのファミリービジネスがうまく機能しないとしています。

図表2-1　スリーサークルモデル

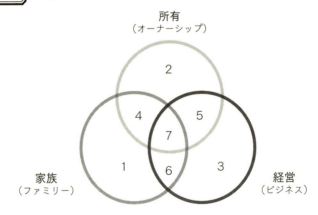

　このスリーサークルモデルは，ファミリービジネスに関わる関係者がサークル上のどこに位置づけられるのかを整理し，それぞれの関係者が持つ潜在的な課題として，人間関係における対立，役割上の課題や優先順位などを明確にするためのものです[注23]。

（注23）　ケリン・E・ガーシック，アイヴァン・ランズバークら『オーナー経営の存続と継承』（流通科学大学出版，1999）

　ファミリービジネスのオーナー（株式所有者かつ経営者）は，　図表2-1　の7番のセグメントに位置づけられます。

　ファミリー（家族）ではあるが株式を持たず就業していない場合は1番のセグメントに，株主であるがファミリーではなく就業もしていない場合は2番のセグメントに，従業員であるがファミリーではなく株主でもない場合は3番のセグメントに位置づけられます。

　同様に，ファミリービジネスに2つ以上の関わりがある場合，ファミリーであり株式を持つが就業していない場合は4番のセグメントに，ファミリーではないが株式を持つ従業員（経営幹部など）は5番のセグメントに，ファミリーであるが株式は持たず就業している場合は6番のセグメントに位置づけられます。

　これらのセグメント間でどのような対立があるかと言えば，例えば，7番のセグメントに位置づけられた，株式を持ちファミリーで就業しているメンバー（例：相続を終えた後継者），4番のセグメントに位置づけられた，株式を持ちファミリーであるが就業していないメンバー（例：相続があり株式を持った娘）といった兄弟姉妹（もしくは従兄弟同士）の間では，利益の配分方法について対立することがあります。

　あるいは，4番のセグメントのファミリーからは配当を増やしてほしいという要望が出る一方で，7番のセグメントのファミリーからはファミリービジネスへの再投資や，自分への処遇改善の希望が出ることもあるでしょう。

　また，4番のセグメントのファミリーからはファミリービジネスの置かれている状況を加味することなく，自身が持っている株式を買い取ってほしいという要望が急に生じる可能性もあります。

　**このようにファミリービジネスに関わる関係者をスリーサークルモデルの各セグメントに位置づけることで，どのような問題が生じるのかを予測すること**

ができます。

### 図表2-2 就業ファミリーと非就業ファミリーの利害対立

| 就業ファミリー | | 非就業ファミリー（株式保有） |
|---|---|---|
| セグメント6もしくは7<br>ファミリーサークルと<br>ビジネスサークル<br>（オーナーシップであっても良い） | スリーサークル<br>モデルでの位置づけ | セグメント4<br>ファミリーサークルと<br>オーナーシップサークル |
| 父がファミリービジネスに関わり，<br>そのビジネスに就業した息子（後<br>継者） | 想定される<br>メンバー像 | ●ファミリービジネスのオーナーの相続時<br>　点で株式を保有した娘（他の兄弟が経営<br>　を承継した場合）<br>●親の兄弟等が経営しているファミリービ<br>　ジネスの株式を親が保有しており相続な<br>　どによって株式を得た娘 |
| 永続に発展させていきたい | ファミリービジネス<br>への想い | ●株式はあくまでも資産の位置づけ<br>●特に，兄弟姉妹がファミリービジネスに<br>　就業していない場合はその傾向が強い |
| 再投資もしくは自身の処遇改善 | 利益配分の傾向 | 株式配当（株主への利益還元） |
| | その他 | 株式を資産と見ているために，急な株式の<br>買取請求などが発生する可能性がある |

　スリーサークルモデルは，ファミリービジネスを経営（ビジネス），所有（オーナーシップ），家族（ファミリー）の3つのサブシステムから構成されているモデルと見たときに，さらに活用できます。

　スリーサークルモデルの理解をもう少し深めるために，一般的な上場企業とファミリービジネスのモデルを比較してみましょう。

　一般的な上場企業（非ファミリービジネス）は，経営（ビジネス）と所有（オーナーシップ）のサブシステムが存在し，それぞれのサブシステムは重なり合うことなく独立した形で存在しています。「経営」は従業員の中から出世した方が担い，「所有」は金融機関や一般株主が担うケースです。

　一方，ファミリービジネスは2つのサブシステムに加えて，家族（ファミ

リー）というサブシステムが新たに追加され，それぞれのサブシステムが重なり合っているところに大きな特徴があります。モデルの比較図を見るとわかるように，ファミリービジネスの各サブシステムの関係は，非常に複雑であることがイメージできます。

図表2-3　一般的な上場企業とファミリービジネスとのモデルの比較

ファミリービジネス
３つのサークルが一致している

一般的な上場企業
（非ファミリービジネス）
所有と経営が一致していない

さらに，海外の上場ファミリービジネスでは，ファミリーが株式の20％以上を所有し，経営はプロの経営者に一任していることが多くなっています。

一方，日本の上場ファミリービジネスの場合は，ファミリーの株式保有割合は少なく，経営をファミリーが担っていることが多くなっています。それぞれをモデルで表すと 図表2-4 のようになります。

図表2-4　海外と国内の上場ファミリービジネスのモデルとガバナンスの違い

海外型ファミリービジネスのモデル

発行済み株式の20%以上をファミリーが所有し，家族は株主としてコーポレートガバナンスに寄与している。
経営はプロフェッショナルに委託している。

日本型ファミリービジネスのモデル

株式の持ち合い構造などにより，20%未満しかファミリーが所有していない。しかし，ファミリーから経営者を輩出することでコーポレートガバナンスに寄与している。

このように，コーポレートガバナンスを考えるためのモデルとしてもスリーサークルモデルは活用でき，さまざまな視点で活用できます。

より大きな視点でスリーサークルモデルを活用するために，ファミリービジネスを支援する専門家としては，先に説明したとおり，経営，所有，家族のそれぞれのサブシステムがバランスを持って運営されることで，初めてファミリービジネスが機能すると考え，スリーサークルモデルのそれぞれの分野で専門的なサービスを提供し，ファミリービジネスをマネジメントしていくことが大切です。

## 2. スリーサークルモデル 三次元発展型モデル

次に，スリーサークルモデルをより深く理解するために，それぞれのサークルを時間的に発展させたモデルである三次元発展型モデルについて紹介します。

スリーサークルモデルの各サークルにおいて，時間軸の概念を追加し，経営，所有，家族のそれぞれにおける発展段階で，どのような課題が生じるのかを検討していきます。

図表2-5　スリーサークルモデルの三次元発展型モデル(※)

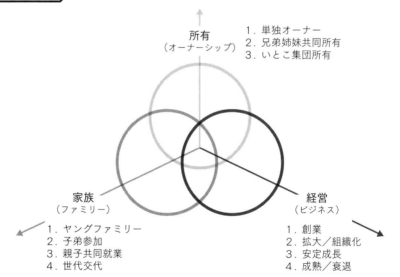

※ケリン・E・ガーシック，アイヴァン・ランズバークほか『オーナー経営の存続と継承』（流通科学大学出版，1999）

経営（ビジネス）の軸では，創業，拡大／組織化，安定成長，成熟／衰退の段階を経ていきます。ケリン・E・ガーシックらの『オーナー経営の存続と継

承』においては，経営（ビジネス）の軸では，創業，拡大／組織化，安定成長の段階が規定されていましたが，著者の経験から，　図表2-5　では成熟／衰退の段階を追加しました。

所有（オーナーシップ）の軸では，単独オーナー，兄弟姉妹共同所有，いとこ集団所有が規定されています。つまり，創業者は単独オーナーとなりますが，創業者が亡くなり相続を経ることで，そのご子息らの兄弟姉妹がファミリービジネスの株式を所有することになります。さらに時間が進み，その兄弟姉妹が亡くなることで，さらに相続が発生し，そのご子息，創業者から見た孫（いとこ同士）がファミリービジネスの株式を所有することになります。

ただし，長男のみに株式を承継するなどの手続きを踏めば，世代が進んでもずっと単独オーナー型を維持することも可能ですし，いとこ集団所有の段階になっても何かをきっかけに株式を集約化して，単独オーナー型に戻すことも可能です。

つまり，単純な時間軸での経過ではなく，それぞれのタイプがあると理解し，それぞれのタイプを実現する際に，どのような問題が発生する可能性があるのか，その問題に備えるために，どのような対策を講じる必要があるのかについて，意識したほうがよいと思います。

家族（ファミリー）の軸では，ヤングファミリー，子弟参加，親子共同就業，世代交代の段階があります。この軸のみは，ファミリービジネスのオーナーにご子息が誕生するかどうかの問題はありますが，基本的には時間軸に沿って，これらの段階を経ます。その各段階でどのような問題があるのかを検討すべきです。

## ① 経営（ビジネス）の発展軸

経営（ビジネス）における発展段階の特徴と課題については，普段，経営に携わっているファミリービジネスのオーナーや支援者は比較的イメージしやすいのではないかと思います。

第一段階の創業段階は，創業者であるオーナーが必死になってビジネスを何とか軌道に乗せようとしている状況です。

会社として，当然ながらまともな組織体制という体もないでしょうし，多くの場合は単一製品・商品，サービスの取扱いに留まっています。このとき，オーナーが取り組むべき課題は，競合他社がひしめく市場環境で何とか生き残るために，ビジネスモデルのブラッシュアップや資金調達をすることです。

また，新規事業の立ち上げに共通して言えることですが，**創業段階においては，どのような条件となれば事業を辞めるのかといった撤退基準も設けておくべきです。**そのような基準がなければ，いつまでも経営資源を投下し，最終的にその経営資源を回収できなくなる恐れがあるためです。

一般的には，3年目で単独黒字とか，メインターゲットとしているユーザーからの評価などを事業の評価基準としていることが多いと思います。


**第二段階の拡大／組織化段階は，ビジネスを大きくできるかどうかの最も大切な段階になります。これまですべての機能を担ってきた創業者（ファミリービジネスのオーナー）が経営管理というマネジメントの役割に転換し，営業，製造，開発，管理などの専門機能を非ファミリーメンバーに任せることができるかどうかがポイントになります。**そのようなマネジメントへの転換ができた場合，会社が急に拡大していく傾向があります。感覚的に言えば，製造業だとオーナー1人での頑張りだと，年商数億円から10億円くらいですが，適正な組織体制を構築できた場合，年商100億円へと突き進んでいきます。


第三段階の安定成長段階では，適正な組織体制によって会社が運営され，市場の成長に合わせて会社も一緒に成長していきます。近年で言えば，人材採用がネックになり安定成長ができなくなるケースもあり，人材採用をいかに進めるかが重要になってきています。


最後の第四段階である成熟／衰退段階は，一般的には安定成長＝成熟段階で

留まればよいのですが，事業や会社のライフサイクルによって，いずれは衰退段階を迎えることになります。

　**この段階を乗り越えるポイントとしては，衰退段階を予見し，安定成長の段階で慢心することなく，新たな成長戦略を策定する必要があります。いわゆるイノベーションが必要となります。**

　安定成長している段階ではどうしても，いつまでもそのような成長が維持できるものと考え，既存事業の範疇で製品・商品，サービス，技術，市場などの動向を捉えてしまい，連続的な改善活動に留まり，大きな技術変化や市場変化についていけなくなります。

　よく言われている事例ですが，カメラフィルムの市場において，市場の変化に対応できなかったコダック社は倒産してしまい，市場の変化を捉えて自社の事業領域を転換できた富士フィルムは生き残ることができました。

　富士フィルムは，写真フィルムの事業領域からイメージソリューションとしてデジタル分野，ヘルスケアソリューションとして医薬品や化粧品分野などへと事業の多角化を推進しました。

　このような既存事業の価値を破壊し，全く新しい価値を生み出すイノベーションのことを破壊的イノベーション[注24]と呼びます。

　　(注24)　クレイトン・クリステンセン『イノベーションのジレンマ』(翔泳社，2001)

　衰退段階を乗り越えるためには，そのような破壊的イノベーションを起こす必要があるのです。

## 2. スリーサークルモデル三次元発展型モデル

**図表2-6** 経営（ビジネス）における発展段階の特徴と課題

| 段階 | 特徴 | 課題 |
|---|---|---|
| 1. 創業 | ➤ オーナー経営者<br>➤ 未発達な組織体制<br>➤ 単一事業（製品・商品） | ➤ 生き残り（市場参入，ビジネスプランのブラッシュアップ，資金調達）<br>➤ 創業の夢も大切であるが，冷静（客観的）な判断による事業撤退も必要。 |
| 2. 拡大／組織化 | ➤ 経理，人事，総務，営業，製造，開発などの専門機能化が進んだ組織体制<br>➤ 事業（製品・商品）の多角化 | ➤ オーナー経営者の役割の進化とマネジメントへの転換が必要。（非ファミリーメンバーへの委譲。）<br>➤ より高度なビジネスプランの策定やキャッシュフロー管理が必要。 |
| 3. 安定成長 | ➤ 安定的な組織体制<br>➤ 確立されたオペレーション | ➤ 専門機能による高度化と効率化が必要。<br>➤ 成熟／衰退を見据えた新たな成長戦略が必要。 |
| 4. 成熟／衰退 | ➤ 硬直化した組織体制 | ➤ 新たな成長戦略（イノベーション）のための再投資が必要。<br>➤ 経営と所有の委譲が求められる。（非ファミリーメンバー＝最高経営層チームづくりが必要） |

### ② 所有（オーナーシップ）の発展軸

　所有（オーナーシップ）における発展段階の特徴と課題については，大きく2つの論点があります。

　1つ目は，単独オーナーを継続するのか共同オーナー体制へと移行するのか，2つ目は，後者の共同オーナーとした場合，どのようなマネジメントを実施するのかです。

　それでは順に見ていきましょう。

057

第一段階の単独オーナー段階といった創業間もない時期は，事業が継続できるように十分な資本（資金）を確保することが重要となります。多くのベンチャービジネスがそうであるように，自社のビジネスモデルのブラッシュアップと資金調達がオーナーの仕事となります。

創業からある程度時間が経った場合は，内部留保も積み上がり，資金面では困らなくなってくると思います。ファミリービジネスの弱さのセクションでも説明しましたとおり，経営がうまくいけばいくほど，経営者は権力を得ます。その場合，ワンマン経営に陥りがちですが，そのような状況を理解し，常に周りの意見に耳を傾ける姿勢が必要だと言えます。

**創業オーナーが検討すべき最も重要なことは，次の世代において，単独オーナーを維持するのか，共同オーナーへと移行するのかについてです。**多くの場合は，成り行き任せや，相続税などの節税目的のために株式を分散させることになっているようです。

その場合に生じる問題には，以下のようなものがあります。仮に創業者のご子息が4名いて，配偶者を先に亡くし，株式を4名のご子息に均等に相続したとします。経営については長男を後継者として指名し，彼がファミリービジネスの代表取締役に就任したとします。他の兄弟はファミリービジネスに就業しませんでした。この場合，後継者が保有する株式は4等分した1つなので，25%の保有割合となります。他の兄弟3名はそれぞれ25%ずつ保有していますので，合わせると75%の保有割合となります。このようなケースは多くはありませんが，例えば，他の兄弟3名が結託して，保有している75%の株式を他の第三者に譲渡した場合，その第三者は後継者である長男をファミリービジネスから追い出すことができます。

このようなことを避けるためにも，創業オーナーはご自身がご存命のうちに，次世代において単独オーナーとするのか共同オーナーとするのか，株式の相続について，成り行きに任せるのではなく，あらかじめ検討しておく必要があります。

次に，第二段階の兄弟姉妹共同所有段階について見てみましょう。**創業オーナーなどの判断により，次世代は単独オーナーではなく兄弟姉妹共同所有とした場合，ファミリービジネスに関わるファミリーメンバーとして，どのような方針で株式を保有するのかをあらかじめ検討しておく必要があります。**

　創業が古い会社だと，株式の譲渡制限が定款に規定されていない会社もありますが，基本的には株式の取引に際して，全株式を取締役会等での決議を必要とする譲渡制限種類株式とすべきでしょう。そのうえで，株主間での決め事である株主間協定書を締結しておくことが望ましいです。

　株主間協定書を締結するにあたっては，株主（ファミリー）の範囲，取締役の選任，株式の譲渡，相続人に対する譲渡請求，譲渡時の株価，譲渡請求の手続きなどについて協議を行い，同意しておけば安心です。

　そのような交渉の過程において，後継者などが他の兄弟に対して家長的な振る舞いをすると反発を招くことがあるために，注意が必要です。株主間協定書などは可能であれば，創業オーナーがご存命のうちに定めるべきです。


　第三段階のいとこ集団所有段階では，先述の兄弟姉妹共同所有時にも発生する可能性がありますが，株主ではあるがファミリービジネスに就業していないファミリーメンバーが出てきます。そのために，株式譲渡などの大きな枠組みについては，株主間協定書を締結しておくことが望ましいと考えます。

　また，就業ファミリーと非就業ファミリーの利害対立のところで説明しましたとおり，利益配分をめぐる利害の対立についても，株主間協定書などで大きな方針を定めておくべきでしょう。

　例えば，企業成長を重視して配当は行わず再投資に充てるとか，もしくは配当性向[注25]を20％とするといった方針を定めるべきだと思います。

> （注25）　配当性向とは当期純利益に対して配当金の支払額の占める割合を示す。つまり，当期純利益のうち，どのくらいの割合を配当として支出するかを意味する。

| 図表2-7 | 所有（オーナーシップ）における発展段階の特徴と課題 |

| 段階 | 特徴 | 課題 |
|---|---|---|
| 1．単独<br>　オーナー | ➤個人，夫婦が管理している。<br>➤他のオーナーがいる場合は，単に所有しているだけで，重要な権限は行使しない。 | ➤十分な資本（資金）をいかにして確保するか。<br>➤ワンマン経営とそのバランスのとり方。<br>➤<u>次世代のための所有体制の選択が必要。</u><br><u>（単独オーナーの維持か，共同オーナーへの移行か）</u> |
| 2．兄弟姉妹<br>　共同所有 | ➤2人以上の兄弟姉妹オーナー。<br>➤同世代の兄弟姉妹による効果的な経営の実施。 | ➤<u>共同経営のための仕組みづくりが必要。</u><br><u>（1人が議決権の過半数を握るのか，合議的な意思決定を行うのか？）</u><br>⇒<u>家長的な振る舞いは反発を招くこともある。</u><br>➤非就業オーナーの役割の明確化が必要。<br>➤十分な資本（資金）をいかにして維持するか。（再投資と配当のバランス）<br>➤分家の派閥志向の管理が必要。 |
| 3．いとこ<br>　集団所有 | ➤多数のいとこ同士の株主。<br>➤就業オーナーと非就業オーナーの混在。 | ➤ファミリーと株主グループであることの区分。<br>➤<u>就業オーナーと非就業オーナーの利害調整が必要。</u><br>➤株式の取扱に関するルールづくりが必要。（資本（資金）が流出しないように注意） |

### ③　家族（ファミリー）の発展軸

　家族（ファミリー）における発展段階は，他の経営や所有の発展軸とは異なり，ご子息が誕生するかどうかはあるものの，確実に発展軸のとおりに進展していきます。このことは家族（ファミリー）の発展軸の1つの大きな特徴です。

　各発展段階における特徴と課題については，以下のとおりです。

第一段階のヤングファミリー段階では，オーナーが経営（ビジネス）に傾斜しがちとなるために，配偶者や子供も含めて周りへの配慮が手薄になります。

ここで配偶者への配慮を怠り，配偶者がご子息にオーナーのことを悪く言うことがあれば，ご子息はファミリービジネスに対して当然ながら良い印象を持たないでしょうし，ましてやそのファミリービジネスを継ごうとは思わないでしょう。

家族の発展段階は長い期間に及びますが，最も初期の段階から気をつけておかないと，いざ，世代交代段階になってから配偶者や子供に配慮しても後の祭りになってしまいます。


第二段階の子弟参加段階には3つの観点があります。

1つ目はオーナー自身が中年期にさしかかることによって起こるさまざまな変化を認識し，その対応が必要になってきます。

40歳までは自分がすべきことに全力投球し突き進みますが，40歳にもなると，一度立ち止まり，これまで歩んできた道を振り返り，これからもその道を進んでよいのかを自問する段階となります。

また，健康面でもこれまでどおりに無理ができなくなったり，病気にかかったりする時期であり，経営（ビジネス）だけに傾斜すると第一段階よりも問題が大きくなります。

2つ目はご子息が成人し，親元から独立する時期となります。これまで1つの屋根の下に住んでいた時よりはご子息のことが把握しづらくなり，阿吽の呼吸ではなく，お互いに何を求め期待するのか，どのような役割を担わなければならないのかを検討しておく必要があります。

**3つ目に大変重要なこととして，ご子息がファミリービジネスに参加するのかどうかを検討する段階でもあります。**大学卒業後にファミリービジネスに就業させるのか，他社に就業させてからファミリービジネスに就業させるのか，それともファミリービジネスには就業させないのか，といったことを具体的に決めていかなければならない段階となります。

第2章　ファミリービジネスを考えるうえでのフレームワーク

　第三段階の親子共同就業段階では，オーナーと後継者であるご子息，また複数のご子息が就業している場合はご子息間で，意見の対立が生じやすい時期です。

　そのような対立を建設的なものとして，ファミリービジネスにプラスの影響を与えるものにしていく必要があります。また，これまでのコンサルティングなどの経験から，**仲が良いファミリー，オーナーとご子息，兄弟姉妹間でコミュニケーションが取れているファミリーでは，配偶者がうまくその間を立ち回っていることが多いように思います。**このことからも，第一段階で経営（ビジネス）に極端に傾斜し，配偶者をおざなりにすることがないよう，オーナーは気を付けたほうがよいのではないでしょうか。

　また，この段階において兄弟姉妹間で過度に競争させてしまうと，所有（オーナーシップ）の発展軸の兄弟姉妹共同所有時に，大きな問題となることは容易に想像できます。

　家族（ファミリー）の発展軸は時間の経過とともに不可逆的に進んでいくために，経営（ビジネス），所有（オーナーシップ）よりも慎重に取り扱う必要があります。

　しかし現実には，経営（ビジネス），所有（オーナーシップ）の発展軸よりもおざなりにしているオーナーが多いのではないでしょうか。

　なお，この段階における重要なコミュニケーションの特性と具体的に行うべき大切なこととして，3つのことが挙げられます。

(1)　正直さ：ファミリーメンバーにはできるだけ真実を話すこと
(2)　率直さ：できるだけ話題として触れてはならないタブーを減らすこと
(3)　一貫性：今日も明日も行動と言葉が一致していること

　第四段階の世代交代段階では，オーナーが経営（ビジネス）から引退し，後継者がその地位を引き継ぐことになります。特に，創業オーナーからの世代交代は最もファミリービジネスというシステムが脆弱になるために注意が必要です。

**062**

## 2. スリーサークルモデル三次元発展型モデル

　また，うまく後継者がファミリービジネスを引き継げたとしても，前オーナーの地位（役割）を検討しておく必要があります。

　そのことを十分に検討していなかった場合，前オーナーが後継者の取組みを邪魔するなどして，ファミリービジネスの存続を脅かすこともあります。前オーナーとして引退を一度は受け入れたものの，過去の地位に固執し，自分自身はファミリーやビジネスにとってかけがえのないものだとして，自身の存在感を示したいなどの欲求が生まれることがあるのです。

　これを避けるために，**後継者は前オーナーのことを認めて，引退後もファミリーのなかでは「英雄的な地位」を保てるようにすることが望ましいです。**例えば，家族行事や祝い事などは，前オーナーを中心に考え，催すことが必要です。

**図表2-8　家族（ファミリー）における発展段階の特徴と課題**

| 段階 | 特徴 | 課題 |
|---|---|---|
| 1．ヤングファミリー | ➤ 親世代は40歳以下<br>➤ 子供世代は18歳以下 | ➤ 結婚，子育て，家庭への気配りが必要。（経営（ビジネス）に傾斜しがちであるが，配偶者や家族（親族）への配慮も必要） |
| 2．子弟参加 | ➤ 親世代は35歳から50歳<br>➤ 子供世代は10代，20代 | ➤ 中年期の変化への対応。（健康面での不安が発生したり，親世代自身のキャリアを振り返るタイミングである）<br>➤ 子供世代の独立とキャリアサポート。（成人した子供への接し方，子世代は大人としての振る舞い） |
| 3．親子共同就業 | ➤ 親世代は50歳から65歳<br>➤ 子世代は20歳から45歳 | ➤ 正直さ，率直さ（タブーをなくす），一貫性を持った世代間のコミュニケーションが必要。また，**配偶者を含む兄弟姉妹間のコミュニケーションも求められる。**<br>➤ 対立を建設的なものになるようにする。 |
| 4．世代交代 | ➤ 親世代は65歳以上 | ➤ 親世代の経営（ビジネス）からの引退。<br>➤ 家族（ファミリー）におけるリーダーシップの世代交代。ただし，親世代が「英雄的な地位」を保つ工夫が必要。 |

# 3. スリーサークルモデルで検討すべき事項

次に、ファミリービジネスを100年、200年続くような企業体にしていくには、各サークルで具体的にどのようなことを検討すべきかについて、見ていきましょう。

**図表2-9** スリーサークルモデルの各観点で検討すべき事項

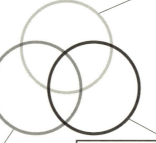

**所有（オーナーシップ）**
① 所有に関するガバナンスの構築
・単独オーナーとするのか、複数オーナーとするのか、オーナーシップの観点からどのようなガバナンスを構築するのか
② 資産承継（株式承継）の推進
・相続対策と議決権は分けて考える必要がある

**家族（ファミリー）**
① 家族のよりどころとなるポリシーの策定
・家訓、家憲の制定
② 後継者の育成
③ 家族での話し合いの場づくり
・ファミリーミーティング、ファミリー評議会

**経営（ビジネス）**
① 社是、経営理念などの浸透
② 中期的な経営計画の立案
・経営ビジョン、事業領域の見直し
・後継者の指名、社長交代のタイミング
③ 後継者による経営推進ができる体制の整備（チーム型経営）
・業績管理制度や人事制度などの構築
④ 経営上のガバナンスの構築

最もイメージしやすい経営（ビジネス）分野から説明しますと，検討すべき事項は大きく4つあります。

---

① 社是，経営理念などの浸透

② 中期的な経営計画の立案

③ 後継者による経営推進ができる体制の整備

④ 経営上のガバナンスの構築

---

### ① 社是，経営理念などの浸透

社是，経営理念とは，経営に対する普遍的な信念・価値観であり，ファミリーや従業員，取引先，社会などのすべての利害関係者に対する誓約を意味します。

この「なぜ，ファミリービジネスをするのか」という根本的な問いに対する答えとなる社是，経営理念を，ファミリービジネス内に浸透させることはとても重要です。もし，社是や経営理念がないということであれば，早急に検討すべきでしょう。

また，過去に検討した社是や経営理念が現状と合わないのであれば，その中で残すべきものと，見直すべきところを検討し，例えば，創業50周年といったタイミングで軌道修正をしてもよいと思います。ただ，社是や経営理念というものは普遍的なものであるために，度々見直すものではありません。

また，**重要なことは，社是や経営理念の中身もさることながら，それ自体がファミリービジネス内に浸透しているかどうかです。何か判断で迷ったときに，それらをよりどころにできること，日々の活動のよりどころとして，行動規範等に反映されて，行動に反映させていくことが大変重要になります。**

社是や経営理念で立派なことを掲げていても日々の行動が伴っていなければ，ファミリービジネス内に社是，経営理念が浸透しているとは言えません。

**065**

## ② 中期的な経営計画の立案

大企業であればともかく、多くの中小企業は中期的な経営計画はさることながら、短期的な経営計画、例えば、年度予算もないことが多いように思います。

しかし、100年、200年続く企業体にしていくには、**企業規模を問わず、中期的な経営計画が必要となります**。中期経営計画とは一般的に3～5年後までの計画を指しますが、期間についてはその会社の事業内容などを勘案し、設定すればよいと思います。

なぜ中期経営計画を立案しなければならないのでしょうか。何の計画も立てなければ、基本的に経営は成り行きのままに進むことが多く、何年後にどのような姿にしたいという計画がないため、企業成長や変革は難しいからです。

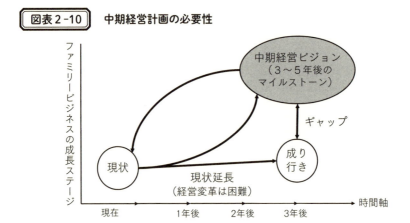

図表2-10 中期経営計画の必要性

図表2-10のように、3～5年後に目指すべき具体的な姿(これを経営ビジョンと呼びます)を検討し、成り行きのままとの違い、ギャップを認識したうえで、そのギャップをどのように埋めるのかを検討しなければなりません。

そのようなギャップを埋める活動を通じて、ファミリービジネスが成長し、経営変革を推進していくことができます。

## 3. スリーサークルモデルで検討すべき事項

このように中期経営計画を検討することは非常に重要です。一般的に中期経営計画で検討すべき項目は以下のとおりとなります。

**図表2-11　中期経営計画で検討すべき事項**

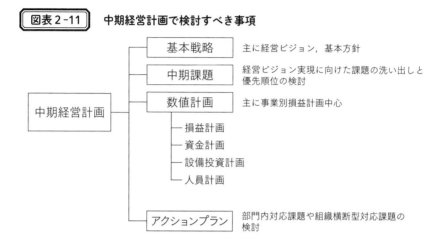

基本戦略として，目指すべき姿となる経営ビジョンが非常に重要となります。また，経営ビジョンの実現に向けた具体的な課題や活動計画としてのアクションプランの設定が必要になります。

数値目標も設定しますが，中期経営計画では数値目標の精度よりも，目指すべき姿と具体的にそれをどのような活動を通じて実現させるのかの定性的な活動を検討することが非常に重要です。また，事業承継のタイミングが近いようであれば，事業承継計画も併せて検討してもよいと思います。

中期経営計画において，3～5年後に目指すべき具体的な姿としての経営ビジョンの検討が大切だと説明しました。より具体的なイメージを持っていただくために，経営ビジョンとして具体的にどのような項目を検討するのか，経営ビジョンに求められる要件について説明します。

**経営ビジョンの策定においては，具体的にはどのような事業領域でファミリービジネスを運営するのかは，非常に重要な意思決定となります。**

### 図表2-12 経営ビジョンの検討範囲と求められる要件

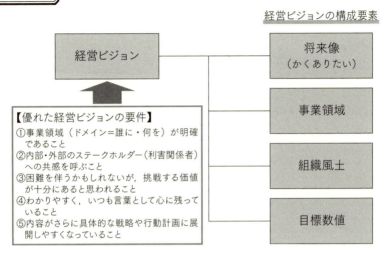

経営資源はヒト・モノ・カネであり、それらが重要であると一般的には説明されますが、経営を永続していくには、戦略的にどこで戦うのか、商売をするのかがより重要となります。競争が激しい事業領域での生き残りは大変難しく、できるだけ競争が激しくなく、ファミリービジネスの強みを生かすことができる事業領域を常に探索すべきです。

さらに、組織風土や数値的な目標も併せて検討して示すことで、ファミリーや従業員がより理解しやすいものになると思います。

### ③ 後継者による経営推進ができる体制の整備

3つ目の後継者による経営推進ができる体制整備は、一般的にはあまり言われないことですが、これまでのコンサルティング経験のなかにおいて、経営承継を成功させるには非常に重要な視点です。

平たく言えば、永続できるファミリービジネスにするには、後継者にある一定のスキルがあれば経営できる仕組みを整備しておくことが大切だということです。

創業者は，創業者＝会社であるために，そのような仕組みがなくとも，会社の隅々まで肌感覚としてどのような問題が生じているのかなどを理解でき，対策をとることもできます。

しかし，後継者においては到底会社の隅々まで理解できるわけではありません。例えば，従業員との関係性においても，創業者はすべて自身が採用した従業員ですが，後継者はそうではなく，自分よりも社歴が長い従業員も多く，それらの従業員と関係性を作ることから始めなくてはなりません。

そのような状況においては，合議的な意思決定ができる経営体制，ここでは「**チーム型経営**」と呼びますが，そのような経営体制を構築することが大変重要です。

具体的には，経営判断に必要な経営情報を得るための業績管理制度や，好き嫌い人事になりがちな人事評価等に関する仕組みである人事制度などを構築し，チーム型経営を実践できるようにすべきです。詳しくは第３章「後継者が継ぎたくなる会社のつくり方」で述べたいと思います。

## ④ 経営上のガバナンスの構築

経営上のガバナンスの構築とは，３つ目のチーム型経営と重なる部分もありますが，ワンマン体制の１人で意思決定していくのではなく，取締役会等で合議的に意思決定していくような形を意味します。

**今後，事業環境が大きく変化するなかでも継続的に企業価値を高めることができるように，コーポレートガバナンスを構築すべきです。**

一般的な経営上のガバナンス体制とは，株主総会を頂点として，取締役会，その下部組織として執行役会（一般的には経営会議や常務会などと呼ばれることもあります）があります。それらを下支えするものが，先述した経営理念や経営ビジョン，行動規範です。

図表2-13 経営上のガバナンス体制

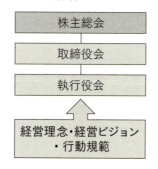

次に、所有（オーナーシップ）の分野では、検討すべき事項が大きく2つ存在します。

① 所有に関するガバナンスの構築
② 資産承継（株式承継）の推進

① 所有に関するガバナンスの構築

所有に関するガバナンスの構築とは、創業時に経営者が100％、もしくは過去の商法の影響により複数の株主が保有している株式の構成割合をどうするのかということです。

スリーサークルモデルの所有（オーナーシップ）における発展段階でも検討してきたところです。一般的には、現経営者が100％、つまり、単独オーナーとなっています。その所有に関するガバナンスを次世代でも引き続き、単独オーナーとするのか、相続などによって複数オーナー（共同オーナー）とするのかの意思決定が必要となります。

また、他の観点では、経営と所有を分離するためにホールディングス（持株会社）を設立し、事業会社＝ファミリービジネスの中心となる会社の株式をホールディングスで所有し、直接オーナーが事業会社の株式を持たないという

ことも多くなっています。

　ねらいとして，オーナーが株式を間接保有することで，事業会社の株式評価額の上昇を抑えることができます。

　また，ファミリーのビジネスの中心となる会社の株式はホールディングスで保有し続け，ゆくゆくは，事業会社を第三者に譲渡することも検討することができます。つまり，所有はホールディングスとして，経営は事業会社として，所有と経営を分離することができます。

　後継者が定まっていないファミリービジネスでは，有効な事業承継の対策でもあります。実際に，コンサルティングサービスを提供するなかで，ホールディングス設立の相談を受けて，このような組織体制を選択するファミリービジネスも多くなっています。

図表2-14　ホールディングス設立による所有と経営の分離

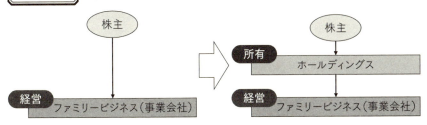

　一般的には，ホールディングスの設立は株式交換で実施することが多いです。しかし，事業承継（資産承継）の対策として，ホールディングスの株主をご子息にすることも可能です。

　また，ご子息に能力がある場合，ファミリービジネス（事業会社）の経営者を担ってもらうことも可能ですが，残念ながらその能力がないと判断した場合，ご子息はホールディングスの取締役や従業員として就業させ，ファミリービジネス（事業会社）には関わりを持たせないということも可能です。

　そして，将来的にファミリービジネス（事業会社）は第三者に任せて，株式

も第三者に譲渡し，その譲渡で得た対価でホールディングスにおいて賃貸用不動産などを有し，ファミリーのための収益を確保するということも可能となります。

ホールディングスの設立は，将来的に後継者などのファミリーがどのようにファミリービジネスに関わるのか不透明な場合に，有効な手立てとなるでしょう。

## ② 資産承継（株式承継）の推進

資産承継（株式承継）の推進は一般的な事業承継対策であり，ここではあまり触れませんが，株価対策をするにしても数年かかることがあるため，対策を検討していない場合は，一度検討してはどうかと思います。

**資産承継（株式承継）にあたって頭に入れておくべきことは，株式は資産の性格と議決権の性格を有するということです。**仮に，種類株や信託などを活用してご子息に資産としての株式を譲渡し配当を取得させる場合にも，議決権は父である現オーナーに残しておくということも可能です。

大塚家具の事例は，相続対策のために議決権までご子息に移したことで，ご子息によって創業者が会社から追い出されてしまったケースでした。財産権と議決権を分けた対策を実施しておけば，この問題は生じなかったことになります。

資産承継（株式承継）で検討すべき論点を以下に整理しておきます。

(1) 所有に関するガバナンスとして最適な株主構成
- 単独オーナーか，共同オーナーか
- ホールディングスなどの設立
- 従業員持株会の設立や中小企業投資育成などからの出資の受け入れ
など

## 3. スリーサークルモデルで検討すべき事項

⑵ 種類株式発行による資産承継対策
- 譲渡制限種類株式（譲渡時に当該株式会社の承認が必要となる株式）
- 議決権制限種類株式（議決権が制限された株式（無議決権株式も可能））
- 取得条項付株式（当該株式会社から一定の事由が生じた際に，株式を株主の同意なく取得できる権利を持つ株式）
- 拒否権付種類株式（いわゆる黄金株）

など

⑶ 後継者への株式移管の手続き
- 暦年贈与
- 中小企業経営承継円滑法の納税猶予（事業承継税制）の活用
- 家族信託の活用（二次相続まで対応することが可能）
- 遺留分に関する民法の特例の活用
  （自社株式を遺留分算定基礎財産から除外する／自社株式の遺留分算定基礎財産に算入する価額を合意時の時価に固定する）

など


　最後に，家族（ファミリー）の分野で検討すべき事項について説明します。実はこの分野については，事業承継の書籍では触れられることがなく，実際にどのような取組みがなされているのかも表に出てきません。

　ここでは，ファミリービジネスに長年コンサルティングサービスを提供してきた著者の経験などに基づき説明します。

> ① 家族のよりどころとなるポリシーの策定
> ② 後継者の育成
> ③ 家族での話し合いの場づくり

## ① 家族のよりどころとなるポリシーの策定

　家族のよりどころとなるポリシーとは，ファミリービジネスの会社が経営理念や行動規範といった，何か取扱いに迷ったときに参考にすべき考え方のことです。

　そのようなポリシーがあることが，永続できるファミリービジネスの基盤につながります。具体的には，家憲・家訓と呼ばれるものです。

　家憲とはその家に伝わるしきたりなどを意味して，家訓とはその内容を明文化したものを意味します。家憲・家訓には，後継者に対してどのような方針で教育を施せばよいのか，一族のことで何かに悩んだときに，どのような行動をとればよいのかがわかるような，基本となる考え方やルールがまとめられています。

　江戸時代から続く三井家の創業者である三井高利が定めた家訓はファミリービジネスの強みのところで紹介したとおりです（28ページ　図表1-11 ）。

　ここでは，三井家同様に江戸時代から続く住友家の創業者である住友政友（1585～1652年）が定めた「文殊院旨意書（もんじゅいんしいがき）」と店の手代のあるべき姿を定めた「住友手代勤方心得」をご紹介します[注26]。

　　（注26）　田中真澄『百年以上続いている会社はどこが違うのか？』（致知出版社，
　　　　　　2015）

**3. スリーサークルモデルで検討すべき事項**

| 図表2-15 | 住友家の家訓 |

**文殊院旨意書（住友政友）**

1. 安いからといって，素性の怪しい品物を一切買ってはならない。
2. 何人たろうとも，一夜といえども泊めてはならない。また編み笠であろうと預かってはならない。
3. 他人の保証人になってはならない。
4. 掛け売りをしてはならない。
5. 相手にどんなことを言われても，商人たる者は短気を起こし，乱暴な言葉を用いてはならない。

**住友手代勤方心得（泉屋理兵衛）**

1. 町家にとって丁稚は誠に大切な者である。長く忠勤に励むように，できるだけ大切にして，読み書き算盤を教え，病気の時には十分に気配りをせよ。
2. 手代が病気になったときは，みんなで気を配り看病すること。もし病人を粗末に扱うようなことがあれば，それは主人に不忠を働いたのと同じである。すべてによく工夫して看病するように。
3. 精錬所の職人，出入りの手伝い人，半期契約の下男・下女など下々の者に至るまで，数年にわたり事故なく勤めた者に対しては，それに相応しい処遇をする。また老衰してきた者には援助するから，人々が一所懸命に働くよう配慮すること。
4. 幼少の時から勤めてきた手代には，責任のある仕事につけている。しかし，その役目に相応しくない者は，責任のある地位につけることができないから，油断なく勤めるように。
5. 幼少時から勤めてきた手代，中途で店に入った者に関係なく，忠節を尽くして働いた者は，新旧の区別なく抜擢するから，そのように心得て仕事をするように。
6. 中途入社の者でも，一所懸命に仕事に励めば，幼少時から勤めてきた手代と同じように，抜擢するから大いに仕事に励んでほしい。

　実際に，ファミリーの家憲・家訓を策定しようとしたときに困るのは，どのような項目について決めごとをすべきかということです。

　そこで，老舗企業の多くの家憲・家訓を分析し，スリーサークルモデルの観点から整理すると，以下のような体系で，漏れなく家憲・家訓を策定することができることがわかりました（　図表2-16　）。

　家憲・家訓を検討する際は，こちらのフレームワークを参考に，ご自身が検討された項目で漏れがないかどうかなどを確認し，十分に検討されていない項目については，新たに家憲・家訓の項目として定めることをおすすめします。

　一方で，特定の分野における項目が多い場合は，その項目をまとめるなどして，全体的にバランスがよいものにすることが望ましいと考えます。

075

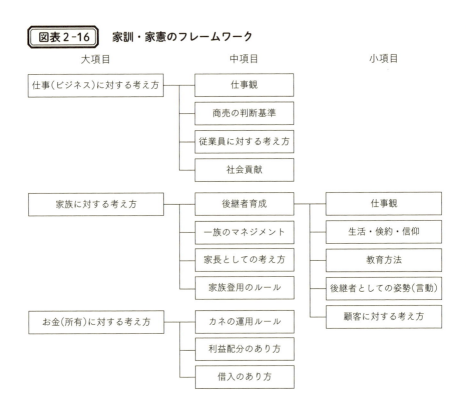

図表2-16　家訓・家憲のフレームワーク

## ② 後継者の育成

　後継者の育成については，言うまでもなく，ファミリービジネスの存続には欠かせないことです。①で説明したように，老舗企業の家憲・家訓を分析すると，後継者の育成に関する項目は数多くありました。

　そのため 図表2-16 でも，後継者育成の中項目についてのみ，小項目を設定しています。具体的には，後継者育成として，「仕事観」「生活・倹約・信仰」「教育方法」「後継者として姿勢（言動）」「顧客に対する考え方」というものが多くありました。

　「企業は人なり」であり，経営者の人柄次第と言っても過言ではありません。そのためにも，後継者に家憲・家訓などをしっかりと理解させて，立派な社会

人として人間性を固めたうえで，MBA などで経営のことも勉強してはどうか
と思います。

　後継者の育成について，少し違う目線で話を進めますと，一般的には，日本
では家父長制の名残が強く，ファミリービジネスについても長男が引き継ぐべ
きという考え方が根強いですが，事業環境は大きく変化しており，競争も激し
くなるなか，優秀な者が経営を担わないと会社として立ち行かないということ
も起こりつつあります。

　そのため，欧米のファミリービジネスでは長男であるから経営者になれるの
ではなく，その適正が問われることも多くなっています。より優秀な経営者を
確保するために，後継者を長男と絞らずに，次男，三男，長女，次女といった
ご子息，その配偶者，さらには従兄弟などの親族まで幅広く後継者候補とする
ようになっています。

　当然ながら後継者候補を広げれば広げるほど，優秀な後継者を確保できるこ
とになりますが，一方で親族間トラブルが発生する可能性は高くなります。そ
のため，そのようなトラブルをいかにして回避するか，十分に検討することが
重要になります。

### ③　家族での話し合いの場づくり

　親族間でのトラブルを回避するには，それらの利害関係者の利害を調整する
必要があります。特に，ファミリービジネスに関わる親族が増えれば増えるほ
ど，その必要性が増してきます。

　**欧米ではファミリー評議会やファミリー総会として，何代も続くファミリー
ビジネスの関係者（就業者，非就業者，その家族を含めて）が一堂に集まり，
ファミリービジネスの概況を共有する，懇親パーティーのようなものを年に 1
度催しています。**

　日本では，お正月やお盆などに親族が一堂に集まることも多いかと思います
が，故人を偲ぶことはあっても，ファミリービジネスについて話し合うことは

第2章　ファミリービジネスを考えるうえでのフレームワーク

少ないように思います。同様に，規模が大きくないファミリービジネスにおいても，経営者である父親が家庭でファミリービジネスについて話すことは少なくなっています。

　しかし，これまでの経験では，家族に積極的にファミリービジネスのことを話し，幼少期から父親のファミリービジネスについて知っているほうが，経営承継もうまくいっていることが多いです。

　したがって，**小さなファミリービジネスであっても，月に1度，半年に1度でもよいので，食卓を囲んだファミリーミーティングで，配偶者やご子息に対してファミリービジネスの状況を話すような場を設けることが望ましいです。**

　また，ファミリービジネスの会社で新年会などがあれば，その会の後ろのほうでファミリーが参加するとか，国内や海外で新たな拠点を設けた場合には，旅行などのついでにでもその拠点に立ち寄ることも大切です。

　何かの機会に，ファミリーが自社のファミリービジネスについて状況を知っておくことが非常に重要だと考えています。

## 4. 経営（ビジネス）と家族（ファミリー）のガバナンスの違い

　経営（ビジネス）におけるガバナンスとは言うまでもなく，先述したとおり，株主総会を頂点に取締役会が存在し，会社によっては経営執行の責任者による執行役会（経営会議，常務会など）が存在し，それらの組織によって合議的に意思決定することを意味します。

　また，ガバナンスのよりどころとして，経営理念，経営ビジョン，行動規範があります。同様に家族（ファミリー）についてもガバナンスが必要です。

　図表 2-17 の体制は，2，3世代がファミリービジネスに関わるような大規模なファミリービジネスですが，株主総会にあたるファミリー総会を頂点として，ファミリー評議会や各種案件を取り扱う委員会が存在しています。既に説明したように，よりどころになるものは，家憲・家訓です。

　いきなりここまでの体制は必要でなくとも，経営のガバナンス体制に加えて，家族（ファミリー）における何かしらのガバナンス体制を構築すべきです。そのような意識を持っているかどうかで，家族や一族の間でトラブルが生じた際にも，その対応に違いが出てきます。まずは，先に述べたとおり，家族での話し合いの場づくりをおすすめします。

**図表 2-17　経営（ビジネス）と家族（ファミリー）のガバナンスの違い**

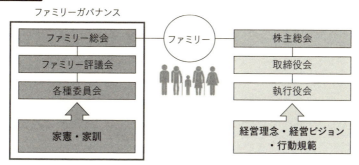

※WellSpring（一般社団法人日本ファミリービジネスアドバイザー協会理事　武井一喜氏）に基づき作成

# 5. 経営志向と家族志向の意思決定の違い

　次に，経営志向と家族志向における意思決定の違いについて説明します。感覚的にわかるかもしれませんが，経営志向のファミリービジネスでは論理的な意思決定がなされ，家族志向のファミリービジネスでは感情的な意思決定がなされる傾向があります。

　重要なことはどちらが良いということではなく，対象のファミリービジネスがいずれの志向が強いかを把握することです。

　一般的には，多くのファミリービジネスではファミリー社員に対して感情的な意思決定がなされていますが，その際，オーナーや支援者は感情的な意思決定に偏ることなく，論理的な意思決定の要素も加える必要があります。

　例えば，ファミリー社員は能力度外視の処遇がなされることも多いですが，「ファミリービジネスの弱さ」でも説明しましたとおり，そのように親族に甘い処遇をしていると，従業員のモチベーションが損なわれるおそれがあります。**たとえファミリー社員であっても，基本的に能力に基づき処遇すべきで，給与水準も雇用当初は一般社員と同等にすべきです。**

　また，あるべきファミリービジネスの姿としては，論理的な意思決定を基本とした経営志向を基盤としつつも，情である家族志向も取り入れたほうがよいと思います。ファミリーに対して一切の温情がないのも問題です。これはファミリービジネスに限ったことではなく，ビジネスには論理性と感情とのバランスが必要なことはおわかりいただけることかと思います。具体的な取組みとしては，ファミリービジネスにおいては，感情的な意思決定がなされやすいために，意思決定のための根拠となる情報やルール，判断基準などを事前に整備することをおすすめします。

　例えば，会社の意思決定の判断としては，担当者，中間管理職者，管理職者，

その上席，経営者などがどこまでの権限を有するのかを職務ごとに定めた職務権限表などを策定しておくことは非常に重要なことです。

例えば，経費の支出について，「10万円までなら部長が決裁する」「100万円までは担当役員が決裁する」とか，「100万円超になると社長が決裁し，さらに1,000万円超となると取締役会での決議が必要」といった基準です。

**多くのファミリービジネスにおいては，オーナーが圧倒的な権限を有していますが，それでは会社の成長が阻害されてしまうため，ある程度，中間管理職者や管理職者へ権限を委譲すべきです。**ガバナンスの観点からもオーナーがすべて決めることができるよりは，ある程度大きな事案については，取締役会などで組織的に意思決定できるほうが望ましいことです。

これを機会に，一度，ファミリービジネスが永続できるような意思決定の体制づくりとして，職務権限表などを検討してみてはいかがでしょうか。

### 図表2-18　経営（ビジネス）と家族（ファミリー）の意思決定の違い

| 項目 | 経営（ビジネス）志向 | 家族（ファミリー）志向 | | ファミリービジネス（あるべき） |
|---|---|---|---|---|
| 基本スタンス | ➤論理に基づく意思決定 | ➤感情に基づく意思決定 | | ➤原則，ルールに基づく意思決定を行うべき |
| 役割と権限 | ➤職務権限表（規程）に基づき付与 | ➤年配者が権限を持つ場合が多い | | ➤職務権限表および家族での話し合いが望ましい |
| 雇用 | ➤企業ニーズと本人の適正 | ➤家族優先（能力度外視） | | ➤本人の興味／関心と適性を考慮して決定 |
| 報酬 | ➤能力や役職など，世間相場により決定 | ➤公平性を重視 | | ➤相場に加え，家族事情により調整を実施する |
| 所有（株式） | ➤貢献度に応じてストックオプションなど | ➤家族の判断によるが公平に分散されていくことが多い | | ➤家族の判断も尊重しつつ，貢献度による分配も必要 |
| 利益配分 | ➤投資重視（配当は少なく） | ➤配当重視 | | ➤経営状況にもよるが，おおむね投資を重視 |
| ガバナンス | ➤プロの経営者による取締役会 | ➤家族による取締役会 | | ➤家族，非家族で構成される取締役会およびファミリー評議会 |

# 6. ジェノグラム分析

## ① ジェノグラム分析とその作成手法

　ここでは，ファミリービジネスを本質的に変革する，最もパワフルなメソッドを紹介します。それは，**ジェノグラム（genogram）分析**です。

　ジェノグラム分析とは，本家・分家との関係，家族内の個人間の関係などを見える化し，顕在的もしくは潜在的な問題を共有化する手法です。

　元々は，家族療法などの心理カウンセリングの現場で用いられている手法で，簡単に言えば，3世代程度の家系図を記載し，その家系図のなかで人間関係を見える化していきます。詳細な書き方等は，さまざまな関連図書もありますので，それらを参考にしていただきたいと思いますが，本書では，ファミリービジネスの変革を推進するために，最低限必要なジェノグラム分析の方法について説明していきます。

　まず，ジェノグラム分析の対象範囲として，オーナーを中心として，少なくとも親世代と子供世代の計3世代を設定します。わかる範囲で，できるだけ広範な家系図を書いていきます。

　後ほど分析の視点を説明しますが，**家族間の問題は過去からの繰り返しであることも多いために，その一族がどのような罠，問題に陥りがちなのかを把握するためにも，できるだけ広い範囲の家系図を作成していくことが望ましいのです。**凡例（ 図表2-19 ）に基づき，男性（□），女性（○）などを記載していきます。

　一般的なジェノグラムとの違いは，その家族がファミリービジネスの就業者かどうか，株式を保有しているかどうかを記す点です。就業の有無，株式の保有状況は，そのファミリービジネスについて大変重要な情報であるために，わ

かる範囲で記載していきます。

基本的には，まず，事実としてわかる範囲で家系図を作成していき，その後，ファミリーに関する情報を記載していきます。

> **図表2-19** ジェノグラム分析の凡例

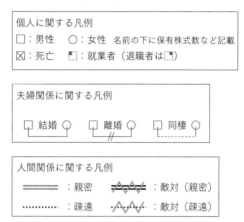

ファミリーとしての家系図が明らかとなった段階で，次にジェノグラム分析の特徴である個人間の関係，つまり人間関係を見える化していきます。

親密および疎遠は，仲が良い悪いは関係なく，物理的に日常的に顔を合わせることがあるのかなどを判断基準として判断していきます。親密の基準としては，週に数回顔を合わせる，疎遠は数年に一度顔を合わせるか合わせないか，といった程度で判断するのがよいと思います。

そのうえで，仲が良いか悪いかを判断します。週に数回顔を合わせるものの仲が悪い場合は，親密を表す凡例の上に敵対マークを付与します。また，数年に一度顔を合わせるかどうかの程度で仲が悪い場合は，疎遠を表す凡例の上に敵対マークを付与します。

週に数回ほどでもないし，数年に一度ほどでもなく，例えば，1カ月に一度程度の顔合わせで特に仲が悪くないということであれば，特に人間関係に関す

る関係性を記入する必要はありません。仲が悪い場合は，敵対の関係性のみを記載しておきます。

## ② ジェノグラム分析の視点

ジェノグラム分析の結果，ファミリービジネスのオーナーや支援者として，最低限検討すべき事項には，次のものがあります。

---

- 後継者が存在するかどうか
- 株式が親族間で分散しているかどうか
- 親族間で将来火種となる対立関係が存在しないかどうか

---

### 後継者が存在するかどうか

後継者が存在するかどうかは，ジェノグラム分析をしなくとも確認できる項目ですが，改めて，広い範囲で家系図を作成すると，ファミリービジネスのオーナーも新たな気づきを得ることがあります。

**ファミリービジネスの支援者の場合も，従来の業務のなかではオーナーの親族などをあまり意識することがないために，多くの気づきを得ることができるでしょう。**

支援者の方にジェノグラム作成について話をすると，「オーナーがしゃべってくれないのではないか」というご質問も受けますが，これまでの経験からすると，そんなことはなく，多くのファミリービジネスのオーナーが家族についてもお話してくれます。

基本的には人は話を聞いてほしいという欲求があることと，日常的に家族のことなどを聞かれることがあまりないために，支援者がジェノグラム分析について説明した後に，真剣にメモを取りながら家系図を作成している様子をオーナーが目の当たりにすることで，いろいろなお話をしてもらえ，親族らとのエピソードも聞くことができます。通常の支援者の業務，例えば，経営コンサル

ティング，税務，金融，保険などについてお話しても，せいぜい親か，子供ぐらいのことになりますが，このときは，より深くファミリーのことが理解できるようになります。

## 株式が親族間で分散しているかどうか

株式が親族間で分散しているかについては，資産（株式）承継をしているかどうかも含めて確認を行います。

現オーナーが2代目，3代目である場合，叔父，叔母，従兄弟にまで株式が分散していることがあるので，その内容を確認していく必要があります。オーナーが思い違いをしていることもあるので，可能であれば，税務申告の書類などの公的な資料で，株主構成の裏付けを取っておくといいでしょう。

また，株式を保有している別の親族がいる場合，その親族やその家族とどのような関係なのかを確認しておく必要があります。

よくあることですが，株式を保有している兄弟や従兄弟は比較的仲が良くても，その配偶者同士の仲が悪いことがあります。そのような問題を見過ごさないようにするためにも，**株式が分散している場合は，個人間の関係性に加えて，家族間の関係性にも注意しておく必要があります。**

## 親族間で将来火種となる対立関係が存在しないかどうか

ジェノグラム分析を進めるなかで，創業者の長男と次男が相続によって株式を保有し，兄には次の後継者がおり，一方，弟は結婚しているもののご子息がいないことがわかった場合で考えてみましょう。

この兄弟は，兄が社長で営業畑，弟が副社長で管理畑を所管しており，兄弟の分掌がはっきりしていて，また，2人の仲が良かったとします。しかし，そのような状態は本当に問題がないのでしょうか。例えば，この兄弟の配偶者同士の仲が悪かった場合，どうなるのでしょうか。

兄弟が安泰のうちは大きな問題は起きませんが，仮に弟が急死した場合，どうなるでしょうか。通常の相続を経ると，株式は兄には戻ってきません。弟の

配偶者が株式を相続します。この兄弟の配偶者同士の仲が悪いと，この株式を相続した弟の配偶者がどのような手に出るのかわからない状態となります。

　例えば，会社に対して，法外な配当を出すことを要求するかもしれません。これは就業ファミリーと非就業ファミリーの利害調整でも説明したとおりです。株式の買取を求めることも想定されますし，譲渡制限を設けていなければ，他の第三者に株式を譲渡する恐れもあります。

　したがって，**ジェノグラム分析を行い，このような問題が予見される場合は，弟が元気なうちに事前に株式を譲渡してもらうなどの対策を講じておくことが大切になります。**

　また，家族間の関係性は非常にセンシティブな側面もあるために，将来対立となる火種が見つかっても必要以上に騒ぎ立てるのではなく，オーナーに対して，「将来的にここが問題になりそうだ」と一言情報を入れておけばよいです。そうすれば，オーナーの性格にもよりますが，勘の良いオーナーなら，自分で状況や問題に気づき，必要であれば対策を打たれます。

　基本的には，ジェノグラム分析を通じて，この程度の分析ができれば成功です。次に，著者がジェノグラム分析を活用して，ファミリーの関係性を修復した事例を紹介します。

### ③　ジェノグラム分析を活用して創業者である会長と娘婿との関係性を修復した事例紹介

　あるファミリービジネスにおいて，創業者である会長と，娘婿である社長との仲が良くなかった会社がありました。

　そのような会社はめずらしいことではなく，創業者の父（本件は義父）と，息子（本件は娘婿）である現社長との意思疎通がうまく行われておらず，それぞれが異なった経営方針を示すことなどは実際に多いと思います。この会社でも，会長と社長の関係性が事業推進上問題となっており，その調整に苦労していた事案でした。

　経営コンサルタントの観点からすれば，本件のようなケースは，会長と社長

の意見調整を行う，それぞれの分掌を定めて会長と社長の役割分担を行うなど，さまざまな取組みを行い，事業がスムーズに推進できるように調整するのが一般的です。

しかし，ジェノグラム分析を行った場合，全くこれまでとは異なる解決策を実施することができました。なお，本格的なジェノグラム分析をする前は，下図のような関係性であると理解していました。

図表 2-20　ジェノグラム分析前のファミリーの理解

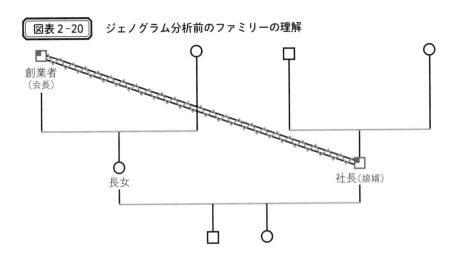

娘婿である社長から，ご自身が会長の長女の婿であること，社長には長男と長女のご子息がいることは聞いていました。そして，このファミリービジネスには創業者である会長と娘婿である社長が就業しており，2人はほぼ毎日会社で顔を合わせているため，親密な関係性ではありますが，方針が合わず敵対している状態でした。

ジェノグラム分析をするために，娘婿である社長に家系についてお伺いしたところ，思わぬことがわかったのでした。それは創業者である会長に長男がいたのです。一般的に，娘婿が後継者として社長をしている場合は，創業者にはご子息に男性がいないことが通常です。男性のご子息がいないために，娘婿の登用や養子をとることを検討します。しかし，この会社では長女の他に，次女，

> 図表2-21　ジェノグラム分析後のファミリーの理解

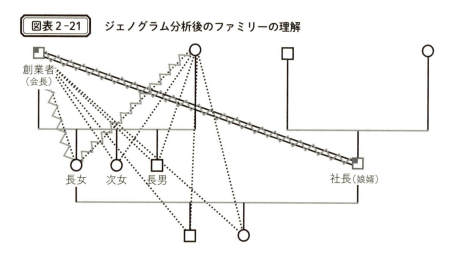

長男がいることが判明したのです。

　さらに，この長男が事業を継がなかった理由として，長男と会長夫妻（両親）との関係が極めて悪かったことが判明しました。

　そのような背景からか，長女，次女と会長夫妻との関係性も良くなく，社長のご子息（長男は社会人，長女は大学生）も会長夫妻と疎遠で，社長の奥様も含めて，十数年も会長とは会っていないことが判明したのです。

　娘婿である社長とは会社で顔を合わせる機会があるものの，その奥様である娘や社長ご子息である孫の2人とは全く疎遠になっていることは，ジェノグラムを作成するために話を聞くまでは全く予想もできませんでした。当然ながら，その事態に会長は大きな不満を持っていました。

　よくよく社長にお話をお伺いすると，現在，社長の奥様である長女の会長に対する思いが緩和されているということもあり，会長と社長，奥様（長女）の三者で面談する機会を持ちました。その面談においては，特に議題を定めることなく，会長が2人を前にして，過去の思い出話をするような感じでしたが，その面談だけでは大きな変化は生じませんでした。大きな転機があったのは，会長が体調を崩して入院したときでした。その際に，長女がお見舞いに行かれたそうです。もし，事前の三者面談を行っていなければ，長女が会長のお見舞

いをすることはなかったのでしょうが，三者面談の効果がこのタイミングで発揮されたのです。

　そして，会長がそのことをいたく喜ばれ，会長家族と社長家族との関係性が大きく改善されたのです。その後，会長と社長との関係性も良くなり，会長が社長に対して「この会社の経営は君に任せる」と言い，社長の意見を尊重するようになり，実際に会議の場でも会長が社長に進行を譲って任せるようになったのです。

　本事例では，これまでの経営コンサルタントとしてのアプローチではなく，ジェノグラム分析からのアプローチによって，ファミリービジネスのシステムが改善されたのです。

　当然ながら，すべての事案がこのようにうまく解決されるとは思いませんが，経営面からのアプローチだけではなく，家族面からのアプローチを持っておくことは非常に有効であるために，ぜひ，ジェノグラム分析を活用してもらいたいと思います。

　ジェノグラム分析の活用にあたり，まずは，ご自身の家族のジェノグラム分析を行い，何か気づきがないかを家族で話し合うことで，ジェノグラム分析をより深く理解できると思います。ぜひ，一度，ご自身のジェノグラム分析をすることをおすすめします。

# 7. 事業承継計画の策定

ここまで見てきたように，ファミリービジネスの経営承継を考えるにあたっては，スリーサークルモデルにおける視点，つまり，経営，所有，家族の観点から課題を検討し，解決しておくことが望ましいです。

ここではさらに，経営承継を考えるうえで最も大切なこととして，事業承継計画について説明します。

事業承継，特に経営承継の準備には，時間がかかること，また，その成果がすぐに見えないことから，多くの経営者の方々は先送りにしがちです。

しかし，その準備を怠ったばかりに，うまく経営承継ができず，倒産，廃業させてしまうケースも多くなっています。そのような状況にならないためにも，**早期に事業承継計画を策定すべきです**。ファミリービジネスが永続していくために，必要な事業承継計画とはどのようなものなのでしょうか。

例えば，現経営者から後継者にどのように株式や資産を移すのか，いわゆる株式の承継について考えることで十分なのでしょうか。ここまで本書を読み進めていただいた方は，もうおわかりだと思いますが，それでは不十分です。

そうです。スリーサークルの観点から事業承継計画を検討すべきなのです。

**一般的な事業承継計画書は，現経営者と後継者のみに焦点を当てているものが多いですが，経営，所有，家族の観点から中長期的な視点でどうすべきなのかを考え，具体的な承継計画として定める必要があります**[注27]。詳細には第5章に譲ることとします。

> (注27) 経営，所有，家族の観点から事業承継計画を策定する必要性は，西川盛朗氏（一般社団法人日本ファミリービジネスアドバイザー協会理事長）の「三位一体事業承継計画表」（2014年7月）より発想を得た。

> コラム

# 後継者に外飯を食べさせるべきか，
# それとも早期に家業に就業させるべきか

- - - - - - - - - - - - - - - - - - -

　後継者は他社で就業した後に家業に就業したほうがいいのか，それとも早期に家業を継いだほうがよいのでしょうか？　本題に入る前に，後継者が事業を継承するうえでの大切なことについて，説明しましょう。

　それは，後継者が社内でいかにして正統性，つまり，他の従業員から認められ，協力が得られるような地位を獲得するのかについてです。

**【正統性を獲得するためのプロセス※】**

| 支持の獲得 | 信頼の獲得 |
|---|---|
| ➢ 後継者が企業文化に即した信念を持ち，行動するかどうかに関する従業員の興味・関心。 | ➢ 後継者が価値のある成果を上げる能力と意思があるかどうかに関する従業員の興味・関心。 |

| 正統性の獲得 |
|---|
| ➢ 後継者が自信を持ち，従業員からの協力を得ることによって獲得する地位。 |

| 成功した後継者 |
|---|
| ➢ 事業戦略の遂行<br>➢ リーダーシップの発揮<br>➢ 前世代の再配置　　　　など |

※Barach, J. A., Gantisky, J., Ourson, J. A., & Doochin, B. A. (1988), *Entry of the next generation: Strategic challenge for family business*, Journal Small Business Management

正統性を獲得するには，後継者が企業文化に即した行動をすることによって従業員から得られる「支持」と，後継者の能力によって従業員から得られる「信頼」の両方が必要となります。

よく言われるのは，後継者が他の大企業などに就業し，その後，ファミリービジネスに戻ってきた場合，高い能力に対する「信頼」は獲得できるのですが，大企業の文化をそのままファミリービジネスに持ち込み，従業員から「支持」を得られないことがあります。そのために，正統性が獲得できず，後継者は従業員から協力を得られないことになります。

したがって，後継者が他社で就業した後にファミリービジネスに就業した場合は，従業員からの「信頼」を得ることを考えるのではなく，むしろ従業員からの「支持」を得るために，そのファミリービジネスの文化に沿った行動を心掛ける必要があります。

後継者の入社パターンによるメリットとデメリットをまとめたものが以下となります。

**【後継者の入社パターンによるメリット・デメリット ※】**

| 卒業後すぐにファミリービジネスに参画 | |
|---|---|
| 利点 | 欠点 |
| ➢ 事業や従業員との社内における親密性を獲得することができる<br>➢ 事業において要求される，独自のスキルを発達させることができる<br>➢ 社内からの支持と信頼を獲得することができる<br>➢ 従業員との強い関係性を容易に構築することができる | ➢ 経営者はコンフリクトが生じた時に，後継者の育成や統制を放棄する場合がある<br>➢ 普通の失敗が後継者の無能さによるものであると判断される危険がある<br>➢ 事業環境に関する知識の制約があり，将来的な企業成長を志向する際に支障をきたすことがある |
| 他社勤務などを経てからファミリービジネスに参画 | |
| 利点 | 欠点 |
| ➢ 後継者のスキルが，高い客観性に基づいて評価される<br>➢ 自らの自信となると共に，家族の影響から独立して成長することができる<br>➢ 後継者の外部での成功は，信頼性を確立し有能な経営者としての評価を得ることができる<br>➢ 事業環境における視角を広げることができる | ➢ 特有の専門知識や組織の成功要因，文化の理解が欠如する場合がある<br>➢ 外部の経験に基づく行動が，社内における行動と衝突する可能性がある<br>➢ 後継者が古株社員を越えて出世する際に，恨みを買う可能性がある |

※Barach, J. A., Gantisky, J., Ourson, J. A., & Doochin, B. A. (1988), *Entry of the next generation: Strategic challenge for family business*, Journal Small Business Management

後継者が他社で就業してから家業に就業したほうがよいのか，それとも早期に家業を継いだほうがよいのかについての結論としては，どちらが良いということではなく，それぞれのメリットとデメリットを理解したうえで，それを補う行動をすれば問題ありません。

　例えば，他社勤務を経ずに卒業後すぐにファミリービジネスに参画した場合，従業員から「支持」と「信頼」を得やすい環境にありますが，業界に慣れてしまうことで，新しい成長への志向が難しいことを理解し，例えば，異業種の人材を登用するとか，異業種交流会に参加するようにするとか，より視野を広げる活動をすることが望まれます。

　一方，他社勤務を経てファミリービジネスに参画する場合，企業文化に合わない行動をしてしまうと，従業員からの「支持」が得られないとか，古株社員から恨みを買う危険性があるために，古株社員への配慮を考えるといったことが必要でしょう。

　また，一般的に他社勤務が長くなると，家業に就いた際，ファミリービジネスの企業文化を受け入れづらくなるために，他社勤務をする場合も3〜5年程度が望ましいと思います。あまりに長く他社勤務をした場合，ファミリービジネスに戻るつもりであっても，戻れなくなることも多いようです。

　ぜひ，それぞれのメリットとデメリットを理解したうえで，ファミリービジネスのオーナーや後継者の方は行動していただければと思います。

第**3**章

# 後継者が継ぎたくなる
# 会社のつくり方

　もし，あなたが後継者だとしたら，どのような会社なら後を継ぎたいですか。大きな会社ですか，それともブランド力を持ったオンリーワンの会社でしょうか。

　著者が考えるに，それは，後継者も共に成長を感じることができる会社ではないでしょうか。

　そのために必要な，ワンマン経営に代わる新しい経営モデルとして，後継者を中心とした「チーム型経営」があります。事例と共に，その実現方法を詳しく説明します。

# 1. 後継者が継ぎたくなる会社とは

　本書の冒頭で説明しましたとおり，2025年に中小127万社で後継者不足が生じる可能性があります。後継者となるご子息自体がいないということもあるかと思いますが，多くのファミリービジネスのオーナーにお伺いすると，息子，娘問わず，ご子息はいるものの，ファミリービジネスを継ぎたがらないということも多いようです。

　彼らはなぜ，会社を継ぎたくないのでしょうか？

　よく言われることは，オーナー企業や同族会社ということ，印象が悪い会社を継いでも苦労しそう，個人保証を背負いたくないといった理由です。そのようなことは，実は現経営者側（もしくは経営者の配偶者）も抱いており，ご子息に会社を継がせたくないと考えていることも多いです。

　では，どのような会社であれば，後継者が継ぎたいと思い，現経営者も継がせたいと思うのでしょうか？

　単に企業規模が大きければ，後継者は継ぎたいのでしょうか。当然ながら，企業規模というよりは収益基盤がしっかりとしており，後継者が継いだ後も安定的に利益を捻出できることは条件として必要だと思います。
　ただそれだけでは，後継者が継ぎたい，現経営者も継がせたいとは思わないでしょう。この場合は，極論を言えば，M&Aなどで譲渡するという方法をとることになるかもしれません。

　後継者が継ぎたいと思う会社，現経営者が継がせたいと思う会社は，2つの

要件が必要だと考えています。

　1つ目は**その会社が社会に貢献しており，誰もが存続させたいと思うこと**。

　2つ目は後継者が会社を継いだときに，**会社の従業員たちと共に成長できること，また，そのことを後継者が感じ取れること**。

ではないでしょうか。


　前者については，ファミリービジネスの経営理念などによるところが大きいと思います。多くのファミリービジネスは地域に根差し，その地域には不可欠な会社だと思います。


　後者については，これから説明する**チーム型経営**が必要です。現経営者，特に創業者の場合は，いわゆるワンマン経営を志向し，会社の従業員たちと共に成長していくというよりは，経営者が先頭に立ち，周りを引っ張っていくイメージが強いです。

　そのような強いリーダー像が悪いわけではありませんが，企業をゴーイングコンサーン，つまり，継続企業を前提とするならば，常にそのようなスタイルでは難しいのではないかと著者は考えています。

## 2. チーム型経営の必要性とその概要

　企業はゴーイングコンサーン，つまり，継続企業を前提で考えられています。特に地域に根差したファミリービジネスではそのような考え方が強いのではないでしょうか。創業100年も続く老舗企業になると，経営者が4，5代目で，それよりも長い老舗企業になると，当主が十数代目ということもあります。

　**これまでの多くのファミリービジネスとの付き合いのなかで思うことは，次の世代へいかにしてうまくバトンを渡せるか，つまり，事業承継，特に経営承継を成功させるかが重要なことだということです。**

　これまでも説明してきましたとおり，ファミリービジネスの危機は事業承継のタイミングに訪れます。例えば，一般企業であれば，前任の社長が任期を迎えると，定められた手続きによって社長交代がなされますが，ファミリービジネスではそう簡単にはいきません。

　第2章で解説したスリーサークルモデルの観点からは，経営分野だけではなく，所有，家族面の問題もあります。近年，経営分野だけでもうまく乗り切ることがなかなか難しくなっているのです。ここでは，経営承継の1つのスタイルとして，チーム型経営について説明したいと思います。

　創業者や中興の祖と呼ばれる経営者が，基本的にはワンマン経営を志向していることが多く，自分ですべて決めて，経営活動をスピード感を持って進めています。

　後継者が創業者に近い素養を持ち，同じようなワンマンスタイルで経営活動を推進できる場合はそれでよいと思いますが，今の世代はそのようなスタイルを望まず，みんなで何かを一緒に創り上げたいと考えている後継者が多いように思います。

また，仮にワンマン経営を志向する後継者がいても，そのスタイルでうまくいくファミリービジネスは一部の企業だけでしょう。なぜならば，創業者はまさにファミリービジネスそのものであり，ファミリービジネスを体現していると言っても過言ではありませんが，一方，後継者はそうではなく，例えば，従業員との関係も創業者とは異なるからです。先にも述べたように，創業者の場合は，すべての従業員は創業者が雇用した人たちですが，後継者は，自分が入社した時点では，自分よりも社歴の長い従業員しかおらず，その従業員との関係性を一から構築し，社内での正統性を獲得しなければなりません。

また，昨今，企業を取り巻く経営環境が大きく変化しており，従来のような右肩上がりの経済環境ではないために，経営のかじ取り自体も難しくなっています。

そのために，**経営幹部や社外の専門家なども含めた「チーム型経営」を志向しなければ，生き残れない**経営環境になっています。


**チーム型経営の特徴は，後継者を中心とした複数の経営幹部で合議的な意思決定を行い，その時点で組織として最も相応しい経営活動を推進していくこと**です。

当然ながら，ワンマン経営より経営のスピードは落ちることになりますが，経営幹部各々の質を高めることで，それを補う形で経営の質を高め，永続できるファミリービジネスの実現につなげ，ファミリービジネスの成長と経営幹部や従業員と共に後継者自身の成長も感じることができます。


次に，チーム型経営に必要な要素について説明します。

チーム型経営の特徴は，合議的な意思決定によって事業を推進していくことですが，**合理的な意思決定を担保するために，社内に業績管理制度（例えば，予算編成，予実管理，セグメント会計，先行管理など）を構築し，データ（事実）に基づく意思決定を推進します。**

そのために，単に経営の意思決定の仕方を変えようとするだけではなく，会

社の仕組み自体を変える必要があります。経営の意思決定は，取締役会などの機関で行い，そこでの決定事項は，各経営幹部（執行役員）が中心となって経営活動を推進していきます。

ワンマン経営の場合は，経営幹部が経営者の意にそぐわないことをすると叱責されるため，徐々に経営幹部はイエスマンになりがちですが，チーム型経営では経営幹部が主役となります。そのため，経営幹部や中間管理職といった従業員の意識改革も必要となります。

ワンマン経営を1人のカリスマによる経営と考えると，チーム型経営は従業員全員による経営といっても過言ではなく，そのような企業体となったほうが，本当の意味で強いファミリービジネスとなります。

### 図表3-1 創業者における経営（ワンマン経営）と「チーム型経営」との比較

| 現経営（ワンマン経営） | | チーム型経営 |
|---|---|---|
| 原則，創業者がすべて決める | 意思決定 | 後継者（ご子息）を中心としたチームで合議的な意思決定 |
| 勘と経験（成功体験）に基づく経営 | 経営スタイル | データ（事実）に基づく経営 |
| 試算表レベルの管理（どんぶり勘定，結果管理） | 業績管理レベル | 業績管理制度の構築（セグメント，先行管理） |
| 経営幹部はイエスマンが多い | 幹部の意識 | 経営幹部が経営活動推進者 |

ファミリービジネスのガバナンスの発展モデルを以下に示します。

2. チーム型経営の必要性とその概要

| 図表3−2 | ファミリービジネスのガバナンスの発展モデル |

|  | ワンマン体制（創業段階） | チーム型体制（拡大段階） | 上場基準体制（成熟段階） |
|---|---|---|---|
| 権限 | 創業者（オーナー）への一極集中 | 権限委譲と合議制 | 社内相互牽制と外部牽制 |
| 概況 | ●創業者（オーナー）が経営戦略の策定からその実行まですべてに関わる。<br>●意思決定はすべて創業者（オーナー）によって行われ，異を唱える者（仕組み）はいない状態。 | ●経営戦略は合議制に基づき，取締役会等で組織決定される。<br>●その決定事項に基づき，各事業部，組織がその計画を実行する。<br>●各役職者に適切に権限が委譲されており，現場でも意思決定できる状態。 | ●組織牽制（相互牽制）が働き，各事業部（子会社），組織の取組みに対して，牽制が働いている。<br>●外部会計監査や内部通報制度などが整備されており，外部組織（監査法人，弁護士など）からの牽制も働いている。 |
| 必要な組織・機能 | ●創業者（オーナー）を頂点とした組織体制。管理職（部長，課長）は存在するが実質的な権限（責任）は持たない。<br>●創業者（オーナー）に情報が集中する仕組み。創業者への報連相（ホウレンソウ）。 | ●決裁権限の整備（オーナーに集中している権限の委譲と合議対象の設定）。<br>●管理職者の権限と責任の範囲が明確になるように，事業部制などの組織体制の整備。<br>●管理職者の権限，責任者としての意識の醸成。 | ●監査役や内部監査部門の設置<br>●内部統制の整備と運用<br>●外部会計監査<br>●内部通報制度 |

　ワンマン体制は，経営者（オーナー）に権限と情報が一極集中する体制となりますが，チーム型体制は，決裁権限を定めて，権限と責任を経営幹部に委譲していくこととなり，経営幹部が主役となります。

　さらに，ガバナンス機能を強化した体制を，ここでは上場基準体制としていますが，これは，組織牽制や外部監査などを導入し外部組織からの牽制も機能している状態となります。

　内部監査等をプロフィット（収益）部門にするという考え方もありますが，基本的にはコスト（管理）部門であるために，ワンマン体制から一挙に上場基準体制まで持っていくことは難しく，また，経営者の合意も得ることができないので，まず，チーム型体制までガバナンス機能を強化することをおすすめしています。

101

# 3. ワンマン経営からチーム型経営を実現した事例

　企業変革の一連の流れをイメージしていただくために，ワンマン経営だったA社がチーム型経営に変革した事例について紹介します。

　当時，創業社長が70歳を迎えて，後継者である長男（40歳）に社長職を譲ろうとしていましたが，うまく経営承継が進んでいない状況でした。そのような状況であったためか，企業業績も悪化しており，メインバンクからも経営改善を求められていました。

　このようなとき典型的なファミリービジネスにおいて，どのようにアプローチすべきでしょうか。基本的にこの手の改革は，オーナー自身の問題意識によって対応策が変わってきます。後継者に経営承継しなければならないと思うか，業績悪化などの原因によっては，金融機関等の外部組織からの圧力によって経営承継を進めるかのどちらかでしょう。

　本件は，後者の金融機関からの圧力をきっかけにして，経営承継が進んだ事例です。

**図表3-3**　A社：企業変革事例

> 業種：製造業（電子部品下請け）
> 業績：売上高50億円
> 　　　経常利益▲20百万円（赤字）
> 従業員：150名

　初めに，後継者である長男と，創業社長番頭，金融機関との話し合いにおいて，業績改善を進めないといけないという問題意識を共有化し，そのための計画書として，中期経営計画書の策定を検討しました。その後，策定した中期経

営計画に基づき，具体的にチーム型経営を実現するための業績管理制度をはじめとした仕組みを整備していきました。

**図表3-4** 「チーム型経営」を実現するための全体像

| 中期経営計画の策定 | チーム型経営のための基盤整備（実行フェーズ） |
|---|---|
| ３年後に実現したい企業像の明確化<br>➤ 現状分析（財務分析，ヒアリング）<br>➤ 外部環境調査<br>➤ 問題点（課題）の把握<br>➤ 変革のコンセプト<br>➤ 経営ビジョン策定<br>➤ 組織設計<br>➤ 数値目標の設定（３カ年）<br>➤ アクションプランへの落とし込み<br>　　　　　　　　　　　など | 策定した中期経営計画を実現すべく<br>➤ 組織体制整備（人員体制整備）<br>➤ 基本戦略の立案と収益管理制度の構築<br>➤ 月次業績会議の運営<br>➤ 経営幹部の育成<br>　　　　　　　　　　　など |

チーム型経営の要諦は，後継者を中心とした合議的な意思決定を実施していくことであり，そのための仕組み，例えば業績管理制度をしっかりと整備していくことです。

**経営は，ある程度，情報収集したうえで，その情報（事実）に基づき，合理的な意思決定を行えば，多くの場合，業績改善できます。**これは長年の経営コンサルティングの経験から断言できることです。

多くのファミリービジネスでは，過去の成功体験や慣習などに縛られ，合理的な意思決定をするための仕組みが十分に整備されていないことが多いです。

したがって，中期経営計画の策定において，そのような課題を認識したうえで，図表3-5 に示したような事項を変革コンセプトとして，今後２，３年かけて，合理的な意思決定をするための仕組みを整備することを社内の共通認識にすることが非常に重要となります。

図表3-5　変革のコンセプト（Before-After）

| 現状（問題） | | 目指すべき姿 |
|---|---|---|
| ワンマン経営（創業者の独壇場） | ⇒ | 後継者（息子）を中心としたチーム型経営 |
| 勘と経験（成功体験）に基づく経営 | ⇒ | データ（事実）に基づく経営 |
| 試算表レベルの管理（どんぶり勘定，結果管理） | ⇒ | 業績管理制度の構築（セグメント，先行管理） |
| 経営幹部はイエスマン | ⇒ | 経営幹部が経営活動推進の責任者 |

　次に，A社がいかして，ワンマン経営からチーム型経営へと変革を遂げたか，具体的な変革ステップを説明します。

　すべてのファミリービジネスにおいて，このとおりに変革しないといけないということではありませんが，少なくとも 図表3-6 のような仕組みがなければ，チーム型経営への変革は難しいと考えたほうがよいと思います。したがって，数年をかけてでも 図表3-6 の仕組みを整備していくことが必要です。

図表3-6　「チーム型経営」を実現した事例における具体的な変革ステップ

| 1 | 組織体制（事業責任者）の明確化 |
|---|---|
| 2 | 基本戦略の立案と収益管理制度の構築 |
| 3 | 戦略会議の創設 |
| 4 | 事業別年度予算の策定と予実管理の実施 |
| 5 | 課長クラスの方針管理の実施 |
| 6 | 適切な人事評価の実施 |

## ① 組織体制（事業責任者）の明確化

**ワンマン経営からチーム型経営に変革していくために一番重要なことは，トップをどうするかです。**

A社の場合は，創業経営者が70歳を迎えるにあたって，後継者に経営を譲ろうと意識していた点と，業績悪化に伴い金融機関等の外部からの圧力が高まっていたことから，後継者が社長になり，創業者が会長になる人事を実施できました。

ただし，そのような人事を行っても多くの創業者（会長）は経営に対して何らかの影響力を示してくるものです。したがって，**後継者を中心としたチーム型経営の体制を整備することが非常に重要です。**

具体的には，複数事業を扱っている場合は，各事業に責任者を任命する，もしくは機能別（営業，製造，購買，品質管理，管理部門等）に責任者を任命し，誰が中心となって事業を運営していくのかを社内外に明示します。それでも各責任者を経ることなく，創業者（会長）から担当者への直接指示などはありますが，その指示命令はイレギュラーなこととし，本来のあるべき指示命令系統を明確にしておかなければなりません。

A社では，「携帯電話向け電子部品事業」「自動車向け電子部品事業」「小ロット電子部品事業」の3つの事業を展開していたので，それぞれの責任者を明示し，後継者（社長）と事業責任者3名のチーム型経営の体制を明確にしました。

「創業者（会長）の処遇は，どうすればよいですか」という質問もよくあります。創業者のタイプによっても異なりますが，会長室を別途用意して現場から物理的な距離をおくようにするとか，工業会などの役職についてもらうなど，一般的にファミリービジネス（後継者）から距離をおくことが望ましいです。もしくは，子会社や海外拠点がある場合は，そちらの拠点を創業者（会長）の所管とするなど，明確に分掌することが望ましいです。

仮に後継者に協力的な創業者であれば，後継者を育成するための共同経営期

間があるのもいいでしょう。しかし，そうでない場合，創業者と後継者の2人が同じ組織にいる状況は，社員が創業者（会長）と後継者（社長）の両方の顔色を伺うことになるためにあまり良いことではありません。どちらが主なのかをはっきりとしておくことが大切です。

## ② 基本戦略の立案と収益管理制度の構築

**チーム型経営で重要なことは，これまで創業者のワンマン経営によって受け身であった責任者や中間管理職らに，自ら考え，戦略を実践してもらうようにすることです。** そのために，まず，チーム型経営のメンバーで基本戦略を立案することになります。

基本戦略とは，複数事業を展開している場合は，どの事業を伸ばすのか，逆にどの事業を縮小させるのか，を決めることです。どちらかと言えば，何をやめるのかを決めるほうが大切です。

単一事業であれば，どの顧客や製品を伸ばすのか，逆に縮小させるのかを決めます。また，どのような新しい事業を立ち上げるのかということも検討すべきでしょう。

これまで創業者が1人で考えていたことを，チーム型経営のメンバーで考えなければなりません。その意思決定をしていくためには，そもそもそれぞれの事業，顧客，製品の収益状況を把握することが必要です。具体的な収益把握の方法については後述するとして，このような収益管理の仕組みなども含めた業績管理制度を整備しなければなりません。

このような業績管理制度をA社で整備した結果，「携帯電話向け電子部品事業」「自動車向け電子部品事業」「小ロット電子部品事業」それぞれの売上高は，20億円（40%），25億円（50%），5億円（10%）となり，経常利益は▲250百万円（赤字），150百万円，80百万円であることが判明しました。従来の主力事業であった「携帯電話向け電子部品事業」が売上高には貢献しているものの，経常利益では貢献していなかったことがわかったのです。

このように過去の主力事業は，過去の成功体験や顧客との関係性から赤字と薄々わかっていても改革できないことは多いものです。まさに，A社もそのような状況でした。

A社では基本戦略として，赤字事業である「携帯電話向け電子部品事業」の縮小化（取引選別），「自動車向け電子部品事業」「小ロット電子部品事業」の拡大を決めることができました。

図表3-7　A社：事業別損益の集計結果と基本戦略

|  | 携帯電話向け<br>電子部品事業 | 自動車向け<br>電子部品事業 | 小ロット<br>電子部品事業 |
|---|---|---|---|
| 売上高（構成割合） | 20億円（40%） | 25億円（50%） | 5億円（10%） |
| 経常利益 | ▲250百万円 | 150百万円 | 80百万円 |

| 基本戦略 | 事業縮小<br>（取引選別） | 事業拡大 | 事業拡大 |
|---|---|---|---|

③　戦略会議の創設

A社では，今後の事業推進のために，後継者（社長）を中心とした会議を設定しました。仮に「戦略会議」と称しますが，この会議でチーム型経営の主力メンバーと基本戦略の進捗状況や会社の方向性について議論し，その経営状態を管理することになります。

A社では創業者（会長）を中心とした「幹部会」と呼ばれる会議が存在していましたが，創業者（会長）が一方的にしゃべる独演会でした。そのような会議では人を育てることが難しいです。したがって，その会議とは別の会議を設定する必要があったのです。

では，この戦略会議ではどのようなことを討議するのでしょうか。例えば，

以下のようなことが挙げられます。

⑴　会社全体，事業別の月次損益などのデータに基づく討議
⑵　顧客別や製品別の売上高や収益，今後の販売見通しに基づく討議
⑶　各事業（組織）では対処しづらい会社全体，部門横断で取り組まなければならない課題

　このような議論をこれまで実施していなかった場合，なかなかスムーズに会議を進行することができないために，ファシリテーター（注28）として外部の専門家を入れるか，そのような人がいない場合，後継者（社長）が各責任者からうまく意見を引き出すような会議の運営が必要となります。

　　（注28）　ファシリテーターとは，会議がスムーズに進むように議題や論点を整理し，参加者が積極的に発言できるように支援する担当者のことをいう。

### ④　事業別年度予算の策定と予実管理の実施

　経営実態が大まかに見えるようになってくると，次年度の予算を策定することもできます。多くのワンマン経営の会社では，予算がないか，あっても経営者から前年比何％アップという目標が提示されるだけのことが多く，各事業責任者の思いが全く入っていません。

　チーム型経営における予算編成で重要なことは，**押し付けの予算ではなく，各事業責任者が納得できる合理的な予算を設定すること**です。

　また，実績値と比べることで，予算を立てたときのどの条件が変わったのかを理解し，その変わった条件を認識することで，改善の手立てを打つことができます。例えば，得意先X社への販売見通しがずれていた場合，なぜ，得意先X社との取引が減っているのかを調べたうえで対策を施すことが可能になります。

　競合企業に取引が奪われていた場合は，自社製品との比較検討を行い，対策を打ちます。対策をしないと，今後他の顧客との取引に割り込んでくることも

想定されます。

単に得意先X社自身の売上高が低下している場合は，その先の市場を意識し，得意先X社への営業活動を減らし，新規顧客開拓が必要になるかもしれません。そのような戦略的な動きをするためにも，予算編成と予実管理が必要になるのです。

## ⑤　課長クラスの方針管理の実施

ある程度チーム型経営が定着してくると，各事業責任者の意識は高まり，次に，それ以下の課長クラスや係長クラスの意識変革が必要となってきます。具体的には戦略会議等で検討されている方針などを方針管理してもらうよう，下位に展開していきます。

**これまで創業者によるワンマン経営に慣れてきた担当者は，自ら考えることを放棄し，上から言われることだけをしていたらよいという思考に囚われがちです。そうではなく，会社が定めた基本方針などに対して，自分がどのようにして貢献できるのかを考え，自ら計画を立てて実行することが必要となってきます。**また，上席者（事業責任者もしくは部門責任者）も，やることを指示するだけではなく，所属所員に考えてもらうように仕向けていく必要があります。

当然ながら，任せっきりにするわけではなく，問題が発生した場合は，上席者が正しく適切にフォローしていかなければなりません。このような取組みが定着し，組織全体でPDCAサイクルがまわるようになると，本当に強いファミリービジネスが実現できます（PDCAサイクルについては，126ページ第3章8参照）。

## ⑥　適切な人事評価の実施

このような形でチーム型経営へと変革を進めていくと，収益が改善される事業や部署，一方で十分な取組みがなされない事業や部署が出てきます。そのような状態になると，現場，特にうまく改善が進んでいる担当者からは，成果に見合った評価をしてほしいという声があがってくるでしょう。

第3章　後継者が継ぎたくなる会社のつくり方

　ワンマン経営の場合は，そのような声に対して合理的な人事考課などがなされていることは少なく，処遇に対する説明ができないことも多いです。そのため，これを機に，業績管理制度の一環として，人事評価制度なども構築すべきです。

　残念ながら100％すべての従業員が納得できる評価制度は構築できませんが，**重要なことは従業員の誰にでも説明できる公平な人事制度を構築し，その制度を開示することです。**


　A社ではこのような取組みを通じて，ワンマン経営から「チーム型経営」に移行し，経営幹部の意識が変わり，自主的な改善活動が進んだことにより，5年間で大きく収益構造が改善しました。

　以上が経営承継を実現した成功事例の1つとなります。

**図表3-8　A社：チーム型経営推進による成果**

|  | ワンマン経営時代<br>（変革前） | 後継者による<br>チーム型経営<br>（5年後） |
|---|---|---|
| 売上高 | 50億円 | 70億円（1.4倍） |
| 経常利益 | ▲20百万円（赤字） | 3億円（4.2％） |
| 自己資本 | 20億円（30％） | 25億円（36％） |
| 総資産 | 65億円 | 70億円 |

　ここまで，ワンマン経営からチーム型経営への変革内容について説明してきましたが，大よそのイメージはできましたでしょうか。

　以下では，後継者が継ぎたいと思うようなファミリービジネスの仕組みである「チーム型経営」の基盤をどのように実現するのかについて，より具体的に話を進めていきます。

110

# 4. チーム型経営を実現するための具体的なステップ

　チーム型経営を実現するには，具体的には大きく3つのステップがあります。

　ステップ1は，現状分析として，内部環境分析と外部環境分析です。特に，どのような単位で収益などを管理するかの管理単位の設定と，その管理単位でどのように収益を把握するのかが重要となります（ファミリービジネスの現状分析については，第4章を参考にしてください）。

　ステップ2は基本戦略の立案です。ステップ1で検討した管理単位に基づき，それぞれの事業をどのような方向性とするのかを検討します。具体的には，事業自体の競争力と，市場自体の成長性から経営資源の配分を検討するプロダクト・ポートフォリオ・マネジメント（PPM）を活用し，事業ごとの大まかな方針を定めて基本戦略へと落とし込み，必要に応じて組織体制等も見直します（PPMの詳細は119～125ページ第3章7参照）。

　ステップ3では，基本戦略に基づいて事業活動が推進されるための業績管理制度を構築します。

　以上の3ステップを経ることで，ワンマン経営からチーム型経営の基盤が整備されることになります。

## 図表3-9　「チーム型経営」を実現するためのステップ

**ステップ1-1　内部環境分析**

収益管理手法
①事業の定義（収益管理単位の考え方）
②基本戦略策定に向けた収益管理方法

ファミリービジネスの現状分析などから
経営課題の把握（第4章参考）

**ステップ1-2　外部環境分析**

各管理単位が属する市場の成長率などの把握（取引先ヒアリングや統計資料の購入）

**ステップ2　基本戦略の策定**

①管理単位（事業）毎のPPMでの位置づけ
②全社基本方針と管理単位（事業）ごとの基本方針決定
③経営資源（ヒト，モノ，カネ）の配分の決定

**ステップ3　業績管理制度構築**

①業績管理制度の全体像
②予算編成（数値計画と行動計画）
③戦略テーマ（ギャップを埋める手立て）設定
④月次業績管理としての戦略会議の開催

**チーム型経営の実現**

111

# 5. ステップ1-1 内部環境分析

## ① 事業の定義（収益管理単位の考え方）

　ステップ2の基本戦略を検討するうえで重要なことの1つとして，どのような単位で収益を管理するのかがあります。多くのファミリービジネスの経営者とお話していると，そのような観点があまりないことに驚かされます。

　企業規模が小さければまだしも，年商が100億円規模になっても，試算表レベルで収益を管理しており，事業別，顧客別，製品・商品，サービス別といった区分での収益管理がなされていないことが多いです。そのような状態であれば，経営環境が良かった時代ではよいものの，現在のような経営環境が厳しい状況では，なかなか利益を残すことが難しいのが実情です。

　まず，お金を稼ぐ単位としての事業について説明します。

　**事業は，「誰に（ターゲット）」「何を（製品・商品，サービス）」「どのように（提供方法，競争優位）」販売するかを定義するとわかりやすいです。**

　経営コンサルタントとして働き始めた当時，上司に，事業とは「誰に」「何を」「どのように」提供するかを考えなければならないと教えてもらい，念仏のように，「誰に」「何を」「どのように」「誰に」「何を」「どのように」……と唱えていたことを思い出します。それくらい経営のイロハのイにあたることなのですが，多くの経営者が事業ということをあまり意識していません。

　もう少し事業の定義について，話を進めます。「誰に」「何を」「どのように」の3つの要素のうち，いずれかが異なる場合は，違う事業として認識します。

　例えば，洋服を販売している会社は，単に「洋服を販売している」では事業を定義したことになりません。具体的に，「40代の女性に」「婦人服を」「店舗で」

販売しているところまで定義しなければなりません。仮に，会社が婦人服を通信販売していたら，「40代の女性に」「婦人服を」「通信販売で」販売している事業，また，店舗で子供服を販売し始めたら，「子供（その親）に」「子供服を」「店舗で」販売している事業と，3つの要素それぞれについて定義しなければなりません。

### 図表3-10 事業の定義について

事業（ビジネス）は，「誰に（ターゲット）」「何を（製品・商品，サービス）」「どのように（提供方法，競争優位）」の3点で定義する。

| 事業区分 | 「誰に」 | 「何を」 | 「どのように」 |
|---|---|---|---|
| ①婦人服店舗販売事業 | 婦人 | 洋服 | 店舗販売 |
| ②婦人服通販事業 | 婦人 | 洋服 | 通信販売（ネット販売） |
| ③子供服販売事業 | 子供 | 洋服 | 店舗販売 |

　それぞれの事業の規模が小さければ，そのように区分する必要がないと言われることも多いのですが，今後，合理的な経営を推進していくには，それぞれの事業において，事業が置かれている環境や，その事業を成功させるためのポイントも異なるために，分けるべきです。

　できることなら，ゆくゆくは責任者も分けます。先述のA社ではその責任者が事業責任者（経営幹部）でした。規模的に難しい場合は，責任者を複数の事業に兼務させても構いませんが，それぞれの事業の戦略は分けて検討しなければなりません。

　**このように事業区分を認識し，それぞれの事業において責任者を定め，その責任者を中心に事業活動を推進していきます。**

　次に，事業単位ごとに組織と経営資源であるヒト・モノ・カネを配分していきます。

第3章　後継者が継ぎたくなる会社のつくり方

　ステップ2の基本戦略の策定にあっても，それぞれの事業が置かれている環境が異なるために，想定する顧客や競合相手を事業ごとに想定し，戦略を練ります。その戦略の実行にあたっては，収益の管理も事業単位で実施し，事業ごとの営業利益ベースで管理すべきです。

**図表3-11　事業単位の運営方法**

事業の定義方法

| 誰に（ターゲットの違い） |
| 何を（製品・商品，サービスの違い） |
| どのように（提供方法の違い） |

事業単位の運営方法

| 事業責任者を配置し，組織・経営資源（ヒト・モノ・カネ）を分ける。 |
| 事業ごとにターゲット顧客と競合相手を想定し，基本戦略を策定する。 |
| 事業単位で収益（少なくとも営業利益ベース）を管理し，改善活動を推進する。 |

　一度，自社の事業や支援しているファミリービジネスの事業について，下記のフォーマットに基づき，書き出してみましょう。

**図表3-12　［ワークシート］事業を書き出してみる**

| No | 事業名 | 「誰に」=ターゲットは？ | 「何を」=提供している製品・商品，サービスは？ | 「どのように」=提供方法や販売方法は？ |
|---|---|---|---|---|
| 1 | | | | |
| 2 | | | | |
| 3 | | | | |
| 4 | | | | |
| 5 | | | | |

## ② 基本戦略策定に向けた収益管理手法

事業区分が明確になれば，事業単位での収益管理を実施していきます。さらに，事業内で顧客単位，製品・商品，サービス単位といった区分でも収益を管理していきます。

つまり，**事業全体がうまくいっているように見えても，顧客単位，製品・商品，サービス単位で見た場合，問題がある顧客や製品・商品，サービスがあることが多いものです。そのため，できるだけ詳細に収益を把握できるようにしておく必要があります。**

事例で挙げたA社でも，「携帯電話向け電子部品事業」「自動車向け電子部品事業」「小ロット電子部品事業」において，顧客単位といった収益管理単位を新たに設定しました。

製品軸で収益管理を設定した場合，事業共通の製品もあったために，事業の枠を超えた区分として製品群を設定しましたが，基本的な収益の管理は事業単位と各事業部に紐づく顧客単位で実施します。

図表3-13　A社：事業と収益管理単位設定の事例

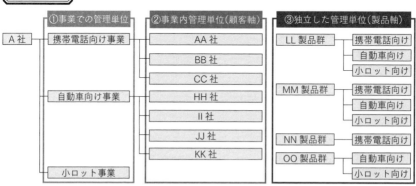

収益管理単位が定まれば，それぞれの管理単位でどのあたりの利益水準までを把握するのかを定めます。一般的に事業単位では営業利益ベースまでを把握

することになります。

　しかし，顧客単位や製品・商品，サービス単位となると，そこまで把握することができず，付加価値ベース[注29]や粗利ベースとなることも多いです。

　　(注29)　付加価値ベースとは，売上高から主な仕入原価，例えば製造業であれば材料費や外注費，小売業であれば仕入高を控除したもの。

　特に製造業の場合は，実際に各製品の製造に必要な費用を把握できないことも多いです。その場合，売上高から材料費や外注費，仕入高を控除した付加価値ベースでの管理をおすすめしています。

　**顧客単位や製品・商品，サービス単位では，売上高ベースでの管理をしている会社も多いですが，売上高だけだと本当に儲かっているのかどうかがわかりません。**特に大口取引先の場合は，無理な値引きにも対応せざるを得ないこともあって，売上高は高いものの，あまり利益が出ていないことも多いのが実態です。そのため，付加価値額や付加価値率といった収益項目は少なくとも把握すべきです。

　製造業の場合は，その付加価値と実際にかかっている労務費や製造経費が見合っているかどうかも把握することで，より精緻な業績管理が実現できます。

### 図表3-14　収益把握レベル（製造業の場合）

| 売上高ベース<br>の管理 | 付加価値ベース<br>の管理 | 粗利益ベース<br>の管理 | 営業利益（経常利益）<br>ベースの管理 |
|---|---|---|---|
| 売上高 | 売上高 | 売上高 | 売上高 |
| | −）材料費 | −）材料費 | −）材料費 |
| | −）外注費 | −）外注費 | −）外注費 |
| | 付加価値 | 付加価値 | 付加価値 |
| | | −）労務費 | −）労務費 |
| | | −）製造経費 | −）製造経費 |
| | | 粗利益 | 粗利益 |
| | | | −）人件費 |
| | | | −）販管費 |
| | | | 営業利益 |

売上高は上がっても，儲かっているのか，いないのかがわからない。

売上高は目標設定されることが多いので，**付加価値"率"を意識することがまず重要!!** 問題としては，労務費（工数）などが得られる付加価値と見合っているのかがわからない。

どの案件（顧客）の仕事をしているのかを明確にして，労務工数を配分していく。その結果，労務費や製造経費も控除したうえでの採算性がわかるようになる。つまり，**儲かっているのか，いないのかがはっきりとわかるレベル**となる。販管費などは一定率で配賦するために，ここまでわかれば問題なし。

ここまでの厳密な利益管理が必要なのは，全社，事業，拠点などの大きなくくりであるとき。

# 5. ステップ1−1　内部環境分析

いずれにせよ，このように売上高だけではなく，**収益に対する意識も持つことで，会社の収益が大きく改善されることが多く，このことはこれまでのコンサルティングをしている肌感覚として実感できることです。**

A社の事例において，事業別では営業利益ベース，事業内の顧客単位では付加価値ベースで収益状況を集計した単月度の実績は，以下のようになりました。

**図表3-15　A社：管理単位ごとの収益結果（電子部品製造A社の単月度実績）**

| | 会社合計(試算表)(千円) | 携帯電話向け事業 | | | | 自動車向け事業 | | | | | 小ロット事業 |
| --- | --- | --- | --- | --- | --- | --- | --- | --- | --- | --- | --- |
| | | | AA社 | BB社 | CC社 | | HH社 | II社 | JJ社 | KK社 | |
| 売上高 | 262,881 100% | 71,174 100% | 34,876 100% | 23,422 100% | 12,876 100% | 167,941 100% | 76,874 100% | 54,234 100% | 24,511 100% | 12,322 100% | 23,766 100% |
| 材料費 | 119,564 45.5% | 36,131 50.8% | 20,222 58.0% | 12,456 53.2% | 3,453 26.8% | 75,884 45.2% | 34,654 45.1% | 25,124 46.3% | 10,432 42.6% | 5,674 46.0% | 7,549 31.8% |
| 外注費 | 27,542 10.5% | 20,585 28.9% | 1,674 4.8% | 9,232 39.4% | 9,679 75.2% | 6,282 3.7% | 1,275 1.7% | 2,153 4.0% | 1,567 6.4% | 1,287 10.4% | 675 2.8% |
| 付加価値 | 115,775 44.0% | 14,458 20.3% | 12,980 37.2% | 1,734 7.4% | ▲256 ▲2.0% | 85,775 51.1% | 40,945 53.3% | 26,957 49.7% | 12,512 51.0% | 5,361 43.5% | 15,542 65.4% |
| 労務費 | 73,768 28.1% | 36,852 51.8% | | | | 34,258 20.4% | | | | | 2,658 11.2% |
| その他製造経費 | 30,556 11.6% | 3,420 4.8% | | | | | | | | | 2,979 12.5% |
| 粗利益 | 11,451 4.4% | ▲25,814 ▲36.3% | | | | 27,360 16.3% | | | | | 9,905 41.7% |
| 人件費 | 5,486 2.1% | 2,539 3.6% | | | | 2,411 1.4% | | | | | 536 2.3% |
| その他販管費 | 4,273 1.6% | 534 0.7% | | | | 3,166 1.9% | | | | | 574 2.4% |
| 営業利益 | 1,692 0.6% | ▲28,886 ▲40.6% | | | | 21,783 13.0% | | | | | 8,795 37.0% |

> 事業単位で収益を集計したことで初めて赤字と認識できた。

これまでA社は試算表ベースのみで管理をしていたので，表中の左部にある売上高が2.6億円，粗利益11百万円，営業利益1百万円ということしか実際の数字ではわからず，なんとなくの感覚として，「携帯電話向け電子部品事業の収益が悪化しているだろう」というのが当時の管理レベルでした。

しかし，いざ事業別に集計してみると，「携帯電話向け電子部品事業」は韓国などの競合との価格競争の結果，粗利益ベースでも赤字になっていることが明らかになったのです。この結果は，A社の経営幹部も十分に認識されていませんでした。

「自動車向け電子部品事業」は，単体で見れば，売上高1.6億円，粗利益27百万円，営業利益21百万円と十分な収益が確保できていました。

また，もう1つの「小ロット電子部品事業」においても，売上高は23百万円と少ないものの，粗利益率が40％を超え，営業利益率でも37％と非常に高収益率な事業であることが判明したのです。

**このような収益状況を理解したうえで基本戦略を立案するかどうかで，後の経営改善に大きな違いが出ることはおわかりいただけることだと思います。**

# 6. ステップ1－2 外部環境分析

外部環境分析については専門書もたくさんあるために，あまり詳細に説明しませんが，外部環境分析は，中長期的に現在の事業が属している市場自体が伸びるのか，横ばいなのか，縮小していくのか，また，何か大きな技術革新などが生じる可能性があるのかなどを把握するために実施します。

自社が所属する業界が携帯電話や自動車などとわかりやすい場合はよいのですが，下請け会社などで製造している部品がどのような業界で使用されているかがわからない場合は，取引先に確認してもらってもよいと思います。教えてもらえない場合もありますが，多くの場合，教えてもらえるはずです。下請け会社の場合，最終市場まで意識していない場合も多いのですが，このような取組みを通じて，できることならば，最終市場までも理解したうえで事業を推進すべきです。

統計データとしては，官公庁や業界団体が発行しているものと，リサーチ会社（例えば，冨士経済，冨士キメラ総研，矢野経済研究所など）が発行しているものがあります。

前者は，インターネット上で各役所（例えば，総務省統計局）のホームページで無料で確認できますが，基本的には過去のデータとなるために，将来の見通しを得るためには，後者のリサーチ会社が発行している有料の統計データを取得することも多いです。

---

**図表3-16　外部環境調査の統計データ入手先**

官公庁等の統計データ（無料であるが実績中心）

➤人口動態などのマクロ情報：総務省統計局
（http://www.stat.go.jp/data/）
➤建築・住宅関連統計：国土交通省
（http://www.mlit.go.jp/statistics/details/jutaku_list.html）
➤自動車関連統計：日本自動車工業会
（http://www.jama.or.jp/stats/index.html）　など

リサーチ会社（将来予測向き）

➤冨士経済（https://www.fuji-keizai.co.jp/）
➤冨士キメラ総研（http://www.fcr.co.jp/）
➤矢野経済研究所（http://www.yano.co.jp/）
など

# 7. ステップ 2 基本戦略の策定方法

　基本戦略の策定にあたり，基礎となる **PPM（プロダクト・ポートフォリオ・マネジメント）** に関する基本的な枠組みと考え方について説明します。

　PPM は，ボストン・コンサルティング・グループが開発した分析手法で，自社の競争力と市場の成長性から，現在，各事業がどのような環境に置かれているのかを認識し，各事業の今後の基本的な方針を検討するための分析手法です（ 図表3-17 ）。

　PPM 分析の枠組みとして，「自社の競争力（本書では営業利益率で定義します）」と「市場の成長性」の 2 軸で事業を位置づけて，それぞれの位置づけで採用すべき基本方針を定めます。

　例えば，事業の競争力が高く，市場の成長率が高い象限を「花形」と呼び，その象限に位置づけられた事業には，市場の成長性に合わせて積極的な投資をすべきだとされています。

　一方，事業の競争力が低く，市場の成長率が低い象限を「負け犬」と呼び，その象限に位置づけられた事業は，収益および将来性も見込めないために撤退して，他の事業（「花形」や「問題児」）にその浮いた資源を投下すべきだとされています。

### 図表3-17　PPM分析の枠組みと各象限に位置づけられた事業における基本方針

PPM分析の枠組み

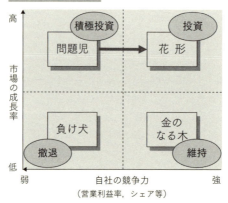

各象限の説明と基本方針

| 象限名 | 象限説明 | 一般的な基本方針 |
|---|---|---|
| 花形 | ・市場成長率が高く，自社の競争力も強い象限 | ・市場の成長に合わせた投資を続けていく。 |
| 問題児 | ・市場成長率は高いが，自社の競争力が弱い象限 | ・積極的な投資を行い，花形を目指すか，事業撤退させるか。 |
| 金のなる木 | ・市場成長率は低いが，自社の競争力が強い象限 | ・追加投資をせずとも利益（キャッシュ）を生み出してくれるので現状維持を目指す。 |
| 負け犬 | ・市場成長率が低く，自社の競争力も弱い象限 | ・将来性も低く，自社の強みも生かせないので，基本的には事業撤退。 |

　本書では，自社の競争力として営業利益率を採用し，3％以上，0～3％未満，0％未満（赤字）の3区分を設定します。市場の成長率は，伸びる（年率3％以上），横ばい（年率0～3％未満），縮小傾向（年率マイナス成長）の3区分を設定し，共に3％以上を「花形」，競争力は3％以上だが市場の成長率が横ばいもしくは減少傾向を「金のなる木」，競争力は3％未満だが市場の成長率が伸びるは「問題児」，いずれも3％未満を「負け犬」としました。

なお，A社の事例では，4象限ではなく9象限としました（ 図表3-18 ）。これは，営業利益率はマイナス（赤字），市場の成長率がマイナス（縮小）に位置づけられる負け犬の中の負け犬を明確にしておいたほうが実務上，方針が立てやすかったからです。

また，今回の事例では，営業利益率3％，市場の成長率3％を基準としましたが，事業を各象限に位置づけたときに，特定の象限に集中する場合は，その基準値を5％や逆に2％とするなど，各事業が各象限に位置づけられるように基準値を設定することが望ましいです。


A社では，「携帯電話向け電子部品事業」について，営業利益率はマイナスで，市場の成長率も統計データによると国内携帯電話市場はマイナス成長であることがわかったために「負け犬」に位置づけ，「自動車向け電子部品事業」について，営業利益率は3％以上で，統計データより自動車市場は年率3％以上の成長が期待されることから「花形」に位置づけました。

また，「小ロット電子部品事業」については，営業利益率は3％以上ですが，市場の成長率に関する統計がなかったために，仮に横ばい成長として，「金のなる木」に位置づけました。


このような整理から「携帯電話向け電子部品事業」は基本路線としては縮小撤退の方針とし，その事業縮小によって新たに捻出できた経営資源を，「自動車向け電子部品事業」「小ロット電子部品事業」に振り向けることになります。

## 第3章 後継者が継ぎたくなる会社のつくり方

図表3-18　A社：PPM分析による事業の位置づけと基本方針

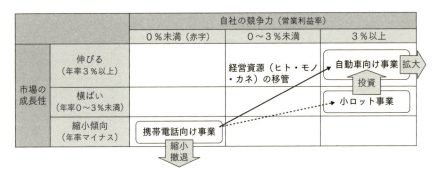

事例A社では、前述のとおり、事業別収益状況を把握したことによって、「携帯電話向け電子部品事業」から「自動車向け電子部品事業」「小ロット電子部品事業」に経営資源を配分していくことを社内的に合意できたことが大変重要なことでした。

当然、このような意思決定は1つの事業内だけでは実施できないため、後継者と各事業責任者（3名）で協議して決めなければなりません。

## 7. ステップ2 基本戦略の策定方法

　以上の手法に則って，一度，自社の事業や支援しているファミリービジネスの事業について，下記のフォーマットを用いて，PPM分析に基づく各事業の位置づけと基本方針の策定を行ってみましょう。

**図表3-19　［ワークシート］事業をPPM分析で位置づけてみる**

| No | 事業名 | 市場の成長性（伸びる，横ばい，縮小） | 自社の競争力（営業利益率） | 位置づけ（花形，問題児，金のなる木，負け犬） |
|---|---|---|---|---|
| 1 |  |  |  |  |
| 2 |  |  |  |  |
| 3 |  |  |  |  |
| 4 |  |  |  |  |
| 5 |  |  |  |  |

|  |  | 自社の競争力（営業利益率） |||
|---|---|---|---|---|
|  |  | 0％未満（赤字） | 0～3％未満 | 3％以上 |
| 市場の成長性 | 伸びる（年率3％以上） |  |  |  |
|  | 横ばい（年率0～3％未満） |  |  |  |
|  | 縮小傾向（年率マイナス） |  |  |  |

第3章 後継者が継ぎたくなる会社のつくり方

　事業縮小となる「携帯電話向け電子部品事業」を所管している責任者はつら
い思いをすることになりますが，データに基づき合理的な意思決定をすべきで，
所属する社員にも正しい説明を行い，今後の配置転換にも合意を得て，会社全
体として収益を確保するような動きに変えなければなりません。そうしなけれ
ばいつまでも過去の慣習に囚われ，収益改善が難しくなります。

　会社全体の方針と事業別の方針を定め，今後，この方針に基づき，事業活動
を推進していきます。

---

#### 図表3-20　Ａ社：全社的な基本方針と事業別基本方針

Ａ社の全社的な基本方針

| データに基づく意思決定を推進するための業績管理制度の構築 |
|---|
| 携帯電話向け事業から自動車向け事業への資源配分 |
| 売上重視から利益重視への意識変革 |
| 事業責任者の明示と責任と権限の委譲 |

Ａ社の事業単位での基本方針

| 事業区分 | 基本方針 | 具体的な活動方針 |
|---|---|---|
| 携帯電話向け事業 | ●事業を縮小・撤退により経営資源を浮かせる | ●付加価値ベースで収益性が低いBB社，CC社に対しては値上げ交渉を行いつつ，取引縮小を目指す。<br>●比較的収益性の高いAA社に対しては，将来性を確認しながら，投資をしないで収益が確保できるかを検討する。 |
| 自動車向け事業 | ●市場成長に合わせた積極的な投資を行う | ●取引先4社とも付加価値率は高いために，今後の取引拡大の可能性とそれに必要な投資について検討を行う。<br>●花形であってもすべての案件についてやみくもに投資は行わず，収益性をしっかりと見たうえで投資の可否を判断する。 |
| 小ロット事業 | ●利益（キャッシュ）を確保し，自動車向け事業に投資を行う | ●事業規模は全社の1割程度であるが，利益率は高いために，その要因を分析しながら，さらに拡大できないかを検討する。<br>●拡大ができない場合は，利益（キャッシュ）を自動車向け事業に振り分ける。 |

124

7. ステップ2　基本戦略の策定方法

　自社の事業や支援しているファミリービジネスの事業については，下記の
フォーマットに基づき，基本方針などを考えてみましょう。

| 図表3-21 | ［ワークシート］全社的な基本方針と事業別基本方針を検討してみる

全社的な基本方針

事業単位での基本方針

| 事業区分 | 基本方針 | 具体的な活動方針 |
|---|---|---|
|  |  |  |
|  |  |  |
|  |  |  |
|  |  |  |
|  |  |  |

# 8. ステップ3
## 業績管理制度の構築方法

### ① 業績管理制度の全体像

そもそも，チーム型経営を実現するために必要な業績管理制度とは，どのようなものなのでしょうか。

**業績管理制度とは，企業の経営実態（主に経営指標と活動状況）を把握し，適切な企業運営を行い，目指すべき企業像（経営ビジョンや予算）を達成していくために社内に構築された管理の仕組みのことをいいます。**

また，その年次・月次・日次において，PDCAサイクルを回していきます。

多くの中小企業では予算編成がなされていませんが，年次サイクルでは，年初（前年度末）に年度予算を組み，行動計画を立案します。近年では事業環境が変化しやすいために，半期や四半期で見直すこともありますが，慣れないうちは年次サイクルで検討すればよいと思います。月次サイクルでは，月次の経営実績（損益計算書）や行動結果を集計し，戦略会議で今後の行動計画について検討します。日次サイクルでは各事業部単位で活動を管理し，行動を推進していくことになります。

**図表3-22　業績管理制度の基本サイクル**

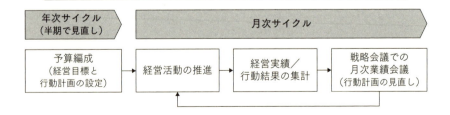

8. ステップ3　業績管理制度の構築方法

　具体的なサイクルとしては，Plan（計画）として，年次（もしくは半期の見直し）で，①損益管理表を用いて全社および事業単位での勘定科目ごとに予算編成します。②顧客別付加価値管理表で事業内の顧客単位で予算編成し，その予算実現のための④戦略テーマを月次単位で設定します。③事業別や顧客単位での売上見通しや営業施策については，月次単位で計画を立案し，その実績値を管理します。

　次にDo（実行）については，③売上見通し・新規案件および営業戦略一覧，④戦略テーマ月次行動計画に基づき活動を行います。

　その結果は，Check（確認）として月次単位で記録し，月次会議である戦略会議で共有するとともに次月度の取組みについて検討し，必要であれば，Action（改善）として行動計画などを見直すこととなります。

　大まかにはこのような仕組みで年間の経営活動を推進していきます。

図表3-23　業績管理制度の全体像

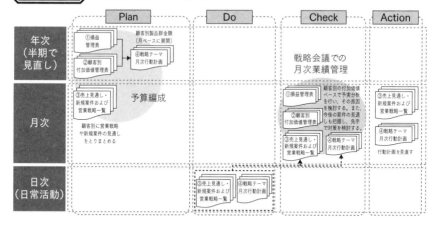

## ② 予算編成（数値計画と行動計画）

ファミリービジネスのオーナーから，事業環境が急激に変化するなかで，「販売見通しも変わるので予算編成など無駄ではないか」という声はよく聞きます。しかし著者は，むしろ，そういった環境だからこそ予算を設定すべきだと考えます。そもそも，予算はどのような目的のために策定するのでしょうか。

**予算編成の目的は，予算編成時点で想定していた自社の事業環境を加味して，どのくらいの業績が確保できそうかという目標（積み上げ目標）と，経営としてこれぐらい確保すべきという目標（経営目標）のギャップを把握し，それを埋める手立て（本書では「戦略テーマ」と呼びます）を討議することです。**つまり，積み上げ目標と経営目標とのギャップを認識することが非常に重要なこととなります。

そのギャップを認識したうえで初めて，その年度で会社をあげて取り組むべき戦略テーマを検討します。そのようなギャップを認識しないままに，取り組む施策を検討しても単なるお題目で終わってしまい，本当に意味のある取組みにならないことが多いです。

予算としての経営目標と戦略テーマを検討し，その内容を社内に周知徹底し，その実現に向けて日々経営活動を推進していき，月次単位でその取組み状況を確認していきます。

月次の会議では予算と実績値の対比（差異）を把握し，差異の生じた原因が，事業環境の読みの甘さだったのか，戦略テーマの内容が良くなかったのか，戦略テーマの取組みが十分でなかったのかなど，どこに問題があったのかを分析し，対策を講じます。

すでにおわかりのとおり，予算編成で重要なことは，前年対比10％ということではなく，まずは現場からの予算の積み上げを行わなければなりません。仮に前年対比売上高10％アップという予算を立てたとして，市場動向が良く，現状のままでも売上高が10％伸びる場合は，なんの施策も必要ではありません。

むしろ，そのような事業環境では，売上高を20％伸ばす，もしくは，利益率

を改善するにはどうしたらよいのかといったことを戦略テーマで検討すべきです。

### 図表 3 -24　予算編成の目的と月次の業績管理

予算編成の目的

| 積み上げ予算と経営目標とのギャップを把握するため |
| 
| ギャップを埋めるための戦略テーマを討議するため |
| 経営目標および戦略テーマを社内に浸透させるため |

月次の業績管理

予算という前提があるからこそ，初めて，どこに問題があるのかどうかが把握できるようになる。

※多くの場合，成り行き管理のために手が打てないことが多い。

- 事業環境が変わった（予測が甘かった）ために差異が発生
- 戦略テーマの内容が十分でなかったために差異が発生
- 戦略テーマが十分に実行できなかったために差異が発生

　さて，それでは予算を積み上げていくには，どのようにすればよいのでしょうか？

　それは，どの部署でどの勘定科目を検討するのかの予算体系を検討すべきです。例えば，製造業で考えてみましょう。

　まず，事業部内の営業担当が顧客別の販売見通しを検討します。具体的には，顧客単位でどのような製品が月ごとにどのくらい販売できそうかの販売見通しを立てます。その際に，事業環境として顧客や競合の状況を加味して検討することが重要です。顧客から販売計画を取得できる場合も，市場動向から一定の調整係数をかけて，どのくらい販売できそうかを予測しなければなりません。

　ただ，初年度からそこまでできないので，前年実績などを参考にして予算を作成していくことになります。

　また，営業担当者がこれまで顧客からの注文をこなすだけのいわゆる御用聞き営業だった場合は，そのことを反省し，営業部が予算編成の中心であると認識して，市場動向を読むといった考えを持つ必要があります。

　このように顧客別・製品別で売上高の見通しを積み上げたものが，「③売上見通し・新規案件および営業戦略一覧」（　図表 3 -25　）となります。

129

第3章　後継者が継ぎたくなる会社のつくり方

### 図表3-25　③売上見通し・新規案件および営業戦略一覧

| 事業／顧客区分 | | 製品区分 | 4月 | 5月 | 6月 | 7月 | 8月 | 9月 | 10月 | 11月 |
|---|---|---|---|---|---|---|---|---|---|---|
| 携帯電話向け事業 | AA社 | LL製品群 | | | | | | | | |
| | | MM製品群 | | | | | | | | |
| | | NN製品群 | | | | | | | | |
| | | その他 | | | | | | | | |
| | | 見通し | | | | | | | | |
| | | 予算 | | | | | | | | |
| | | 予算差異 | | | | | | | | |
| | BB社 | LL製品群 | | | | | | | | |
| | | MM製品群 | | | | | | | | |
| | | NN製品群 | | | | | | | | |
| | | その他 | | | | | | | | |
| | | 見通し | | | | | | | | |
| | | 予算 | | | | | | | | |
| | | 予算差異 | | | | | | | | |
| | CC社 | LL製品群 | | | | | | | | |
| | | MM製品群 | | | | | | | | |
| | | NN製品群 | | | | | | | | |
| | | その他 | | | | | | | | |
| | | 見通し | | | | | | | | |
| | | 予算 | | | | | | | | |
| | | 予算差異 | | | | | | | | |
| | 事業小計 | 見通し | | | | | | | | |
| | | 予算 | | | | | | | | |
| | | 予算差異 | | | | | | | | |
| 自動車向け事業 | HH社 | LL製品群 | | | | | | | | |
| | | MM製品群 | | | | | | | | |
| | | OO製品群 | | | | | | | | |
| | | その他 | | | | | | | | |
| | | 見通し | | | | | | | | |
| | | 予算 | | | | | | | | |
| | | 予算差異 | | | | | | | | |

130

| 12月 | 1月 | 2月 | 3月 | 合計 | 当月実績の差異要因 | 今後（今年度）の見通しと営業戦略 |
|---|---|---|---|---|---|---|
| | | | | | | |
| | | | | | | |
| | | | | | | |
| | | | | | | |
| | | | | | | |
| | | | | | | |
| | | | | | | |
| | | | | | | |
| | | | | | | |
| | | | | | | |
| | | | | | | |
| | | | | | | |
| | | | | | | |
| | | | | | | |
| | | | | | | |
| | | | | | | |
| | | | | | | |
| | | | | | | |
| | | | | | | |
| | | | | | | |
| | | | | | | |
| | | | | | | |
| | | | | | | |
| | | | | | | |
| | | | | | | |
| | | | | | | |
| | | | | | | |
| | | | | | | |

第3章　後継者が継ぎたくなる会社のつくり方

| 事業／顧客区分 | | 製品区分 | 4月 | 5月 | 6月 | 7月 | 8月 | 9月 | 10月 | 11月 |
|---|---|---|---|---|---|---|---|---|---|---|
| | II社 | LL製品群 | | | | | | | | |
| | | MM製品群 | | | | | | | | |
| | | OO製品群 | | | | | | | | |
| | | その他 | | | | | | | | |
| | | 見通し | | | | | | | | |
| | | 予算 | | | | | | | | |
| | | 予算差異 | | | | | | | | |
| | JJ社 | LL製品群 | | | | | | | | |
| | | MM製品群 | | | | | | | | |
| | | OO製品群 | | | | | | | | |
| | | その他 | | | | | | | | |
| | | 見通し | | | | | | | | |
| | | 予算 | | | | | | | | |
| | | 予算差異 | | | | | | | | |
| | KK社 | LL製品群 | | | | | | | | |
| | | MM製品群 | | | | | | | | |
| | | OO製品群 | | | | | | | | |
| | | その他 | | | | | | | | |
| | | 見通し | | | | | | | | |
| | | 予算 | | | | | | | | |
| | | 予算差異 | | | | | | | | |
| | 事業小計 | 見通し | | | | | | | | |
| | | 予算 | | | | | | | | |
| | | 予算差異 | | | | | | | | |
| 小ロット事業 | 事業小計 | LL製品群 | | | | | | | | |
| | | MM製品群 | | | | | | | | |
| | | OO製品群 | | | | | | | | |
| | | その他 | | | | | | | | |
| | | 見通し | | | | | | | | |
| | | 予算 | | | | | | | | |
| | | 予算差異 | | | | | | | | |
| 全社合計 | | 見通し | | | | | | | | |
| | | 予算 | | | | | | | | |
| | | 予算差異 | | | | | | | | |

8. ステップ3 業績管理制度の構築方法

| 12月 | 1月 | 2月 | 3月 | 合計 | 当月実績の差異要因 | 今後（今年度）の見通しと営業戦略 |
|---|---|---|---|---|---|---|
| | | | | | | |
| | | | | | | |
| | | | | | | |
| | | | | | | |
| | | | | | | |
| | | | | | | |
| | | | | | | |
| | | | | | | |
| | | | | | | |
| | | | | | | |
| | | | | | | |
| | | | | | | |
| | | | | | | |
| | | | | | | |
| | | | | | | |
| | | | | | | |
| | | | | | | |
| | | | | | | |
| | | | | | | |
| | | | | | | |
| | | | | | | |
| | | | | | | |
| | | | | | | |
| | | | | | | |
| | | | | | | |
| | | | | | | |
| | | | | | | |
| | | | | | | |
| | | | | | | |

次に，営業部で検討された顧客別販売計画に基づき，購買部および製造部で材料費や外注費などを検討します。

例えば，携帯電話向け事業の AA 社において，4 月度の製品別の売上見通しから材料費と外注費がいくらかかるのかを想定し，予算を策定します。携帯電話向け事業が AA 社，BB 社，CC 社で構成されているので，それぞれの売上高，材料費，外注費が把握できれば，携帯電話向け事業の売上高，材料費，外注費を策定することができます。

同様に，自動車向け事業，小ロット事業の売上高，材料費，外注費についても検討し，会社全体の 4 月度の売上高，材料費，外注費を策定します。5 月以降も同様に検討すれば，1 年間の会社全体の売上高，材料費，外注費を把握することができます。これらを集計したものが「②顧客別付加価値管理表」（ 図表 3-26 ）となります。


ここまでが事業別・顧客別・製品別での予算の積み上げとなります。

これ以降の損益計算書ベースは，事業別に予算を積み上げていきます。大きな費用科目は，労務費や製造経費となりますが，粗利益ベースまでは事業部で検討し，経費関係は管理部門などで検討します。

各部署で検討した内容を共有し，事業部としての数字をとりまとめます。各事業部の数字と，本社機能としてかかる経費を明確にして，会社全体の予算として積み上げ予算を策定していきます。

事業別で損益計算書ベースまでを合計したものが，「①損益管理表」（ 図表 3-27 ）となります。A 社の場合，3 つの事業がありますので，それぞれの事業でこの損益管理表を作成し，それらを 1 つの損益管理表に集計したものが全社の損益管理表となります。予算編成は，このような地道な積み上げが重要となります。

投資計画については，各事業部と管理部門で検討し，投資計画に基づいて，当年度で負担すべき減価償却費などを設定します。

## 8. ステップ3　業績管理制度の構築方法

**図表3-26**　②顧客別付加価値管理表

| 事業区分 | 顧客区分 | | 4月 | | | | | | 5月 | | | | | |
|---|---|---|---|---|---|---|---|---|---|---|---|---|---|---|
| | | | 予算 | | 実績 | | 差異 | | 予算 | | 実績 | | 差異 | |
| | | | | 比率 | | 比率 | | 比率 | | 比率 | | 比率 | | 比率 |
| 携帯電話向け事業 | AA社 | 売上 | | | | | | | | | | | | |
| | | 材料費 | | | | | | | | | | | | |
| | | 外注費 | | | | | | | | | | | | |
| | | 付加価値 | | | | | | | | | | | | |
| | BB社 | 売上 | | | | | | | | | | | | |
| | | 材料費 | | | | | | | | | | | | |
| | | 外注費 | | | | | | | | | | | | |
| | | 付加価値 | | | | | | | | | | | | |
| | CC社 | 売上 | | | | | | | | | | | | |
| | | 材料費 | | | | | | | | | | | | |
| | | 外注費 | | | | | | | | | | | | |
| | | 付加価値 | | | | | | | | | | | | |
| | 事業小計 | 売上 | | | | | | | | | | | | |
| | | 材料費 | | | | | | | | | | | | |
| | | 外注費 | | | | | | | | | | | | |
| | | 付加価値 | | | | | | | | | | | | |
| 自動車向け事業 | HH社 | 売上 | | | | | | | | | | | | |
| | | 材料費 | | | | | | | | | | | | |
| | | 外注費 | | | | | | | | | | | | |
| | | 付加価値 | | | | | | | | | | | | |
| | II社 | 売上 | | | | | | | | | | | | |
| | | 材料費 | | | | | | | | | | | | |
| | | 外注費 | | | | | | | | | | | | |
| | | 付加価値 | | | | | | | | | | | | |
| | JJ社 | 売上 | | | | | | | | | | | | |
| | | 材料費 | | | | | | | | | | | | |
| | | 外注費 | | | | | | | | | | | | |
| | | 付加価値 | | | | | | | | | | | | |
| | KK社 | 売上 | | | | | | | | | | | | |
| | | 材料費 | | | | | | | | | | | | |
| | | 外注費 | | | | | | | | | | | | |
| | | 付加価値 | | | | | | | | | | | | |
| | 事業小計 | 売上 | | | | | | | | | | | | |
| | | 材料費 | | | | | | | | | | | | |
| | | 外注費 | | | | | | | | | | | | |
| | | 付加価値 | | | | | | | | | | | | |
| 小ロット事業 | 事業小計 | 売上 | | | | | | | | | | | | |
| | | 材料費 | | | | | | | | | | | | |
| | | 外注費 | | | | | | | | | | | | |
| | | 付加価値 | | | | | | | | | | | | |
| 全社合計 | | 売上 | | | | | | | | | | | | |
| | | 材料費 | | | | | | | | | | | | |
| | | 外注費 | | | | | | | | | | | | |
| | | 付加価値 | | | | | | | | | | | | |
| 全社累計 | | 売上 | | | | | | | | | | | | |
| | | 材料費 | | | | | | | | | | | | |
| | | 外注費 | | | | | | | | | | | | |
| | | 付加価値 | | | | | | | | | | | | |

135

第3章　後継者が継ぎたくなる会社のつくり方

## 図表3-27　①損益管理表（全社，事業別）

| | 4月 | | | | | | 5月 | | | | | |
|---|---|---|---|---|---|---|---|---|---|---|---|---|
| | 予算 | 構成比 | 実績 | 構成比 | 差異 | 構成比 | 予算 | 構成比 | 実績 | 構成比 | 差異 | 構成比 |
| 売上高 | | | | | | | | | | | | |
| 材料費 | | | | | | | | | | | | |
| 　月初材料在庫 | | | | | | | | | | | | |
| 　期中材料仕入高 | | | | | | | | | | | | |
| 　月末材料在庫 | | | | | | | | | | | | |
| 外注費 | | | | | | | | | | | | |
| 付加価値 | | | | | | | | | | | | |
| 給与（時間内） | | | | | | | | | | | | |
| 給与（時間外） | | | | | | | | | | | | |
| 賞与（引当） | | | | | | | | | | | | |
| 退職金（引当） | | | | | | | | | | | | |
| 派遣受入 | | | | | | | | | | | | |
| 法定福利費 | | | | | | | | | | | | |
| 福利厚生費 | | | | | | | | | | | | |
| 労務費計 | | | | | | | | | | | | |
| 減価償却費 | | | | | | | | | | | | |
| 水道光熱費 | | | | | | | | | | | | |
| 消耗品費 | | | | | | | | | | | | |
| 修繕費 | | | | | | | | | | | | |
| 商品開発費 | | | | | | | | | | | | |
| 車両費 | | | | | | | | | | | | |
| 運賃 | | | | | | | | | | | | |
| 地代家賃 | | | | | | | | | | | | |
| 雑費 | | | | | | | | | | | | |
| 製造経費計 | | | | | | | | | | | | |
| 　期初仕掛品在庫 | | | | | | | | | | | | |
| 　期末仕掛品在庫 | | | | | | | | | | | | |
| 製造原価計 | | | | | | | | | | | | |
| 　期初製品在庫 | | | | | | | | | | | | |
| 　期末製品在庫 | | | | | | | | | | | | |
| 売上原価計 | | | | | | | | | | | | |
| 売上総利益（粗利益） | | | | | | | | | | | | |

## 8. ステップ3　業績管理制度の構築方法

| | 4月 | | | | | | 5月 | | | | | |
|---|---|---|---|---|---|---|---|---|---|---|---|---|
| | 予算 | 構成比 | 実績 | 構成比 | 差異 | 構成比 | 予算 | 構成比 | 実績 | 構成比 | 差異 | 構成比 |
| 給与（時間内） | | | | | | | | | | | | |
| 給与（時間外） | | | | | | | | | | | | |
| 賞与（引当） | | | | | | | | | | | | |
| 退職金（引当） | | | | | | | | | | | | |
| 法定福利費 | | | | | | | | | | | | |
| 福利厚生費 | | | | | | | | | | | | |
| 派遣受入 | | | | | | | | | | | | |
| 人件費計 | | | | | | | | | | | | |
| 減価償却費 | | | | | | | | | | | | |
| 水道光熱費 | | | | | | | | | | | | |
| 消耗品費 | | | | | | | | | | | | |
| 保険料 | | | | | | | | | | | | |
| 事務用品費 | | | | | | | | | | | | |
| 旅費交通費 | | | | | | | | | | | | |
| 接待交際費 | | | | | | | | | | | | |
| 支払手数料 | | | | | | | | | | | | |
| 車両費 | | | | | | | | | | | | |
| 運賃 | | | | | | | | | | | | |
| 租税公課 | | | | | | | | | | | | |
| 広告宣伝費 | | | | | | | | | | | | |
| 会議費 | | | | | | | | | | | | |
| 地代家賃 | | | | | | | | | | | | |
| 新聞図書費 | | | | | | | | | | | | |
| 支払手数料 | | | | | | | | | | | | |
| 雑費 | | | | | | | | | | | | |
| 販管費計 | | | | | | | | | | | | |
| 営業利益 | | | | | | | | | | | | |
| 営業外収益 | | | | | | | | | | | | |
| 営業外費用 | | | | | | | | | | | | |
| 経常利益 | | | | | | | | | | | | |

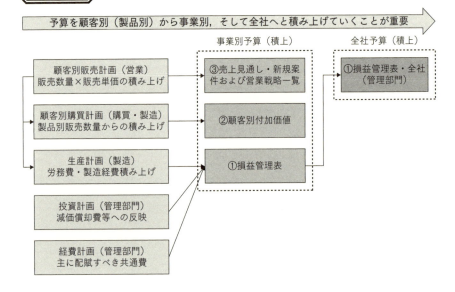

　このように積み上げてきた予算（積み上げ予算：一次予算）と，経営サイドが求める経営目標との差異（ギャップ）を認識して，その差異を埋めるための施策（戦略テーマ）を設定することは予算編成で最も重要なことです。

　仮に，経営目標が現状よりも高い数値であっても，その状況で何をすべきかを検討しなければなりません。

　経営サイドとしても，積み上げ予算と経営目標に大きな差異が生じている場合は，戦略テーマの1つとして，企業買収（M&A）などのような事業部サイドでは検討しづらい，骨太な戦略テーマを検討することも必要です。

　以前はファミリービジネスではあまりM&Aなどを検討されてきませんでしたが，現在，多くのファミリービジネスにおいて，M&Aは成長戦略の1つになっています。

　このように，戦略テーマを定め，月次単位で具体的な行動計画を検討するのが，予算編成の要諦となります。

図表3-29　積み上げ予算と経営目標とのすり合わせ

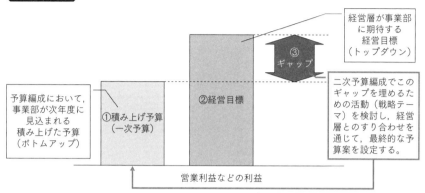

## ③ 戦略テーマ（積み上げ目標と経営目標とのギャップを埋める手立て）設定

積み上げ予算と経営目標とのギャップを埋める活動として，戦略テーマが重要であり，予算編成の肝と言っても過言ではありません。つまり，予算達成にはこの戦略テーマの管理（推進）が不可欠となります。

戦略テーマの設定においては，そのテーマを推進していく責任者や関連部署を明示し，責任者を中心に検討してもらいます。それは，実際にテーマを推進する責任者が計画を立案したほうが，計画の実行性が高くなるためです。

**ワンマン経営の時代は，オーナー経営者に言われたことだけをしておけばよかったのですが，チーム型経営ではそれではいけません。予算と目標とのギャップを認識し，自ら何をすべきかを考えて，主体性を持って取り組まなければならないのです。**

戦略テーマについて，第三者（経営層や関連部署）が見てもわかるようにその概要を記載し，予算数値と連動する形で成果指標や達成水準を記載します。

例えば，材料費の削減であれば，材料Aを海外調達に切り替えるなどをテーマとして，材料費20百万円を削減するといった数値目標を成果指標とします。

第3章　後継者が継ぎたくなる会社のつくり方

この成果指標は当然ながら積み上げ予算と経営目標とのギャップを埋める数値と一致させておく必要があります。

また，進捗管理をどのような資料でするのかを明示しておき，必要に応じて，参考までに前年の実績を記載しておきます。

さらに予算編成時に4月以降の具体的な行動計画について検討しておき，組織内への方針の展開を図ります。例えば，材料Aを海外調達に切り替える場合，いつまでに調達候補先を探し，いつまでに評価をするのかといった計画を検討しておきます。

**図表3-30　戦略テーマと行動計画の設定方法（④戦略テーマ月次行動計画）**

| No | 戦略テーマ | テーマ概要 | 成果指標・達成水準 | 推進責任 | 関連部署 | 行動計画 | | |
| --- | --- | --- | --- | --- | --- | --- | --- | --- |
| | | | | | | | 4月 | 5月 |
| 1 | 第三者が見てもわかるように記載する。 | | 積み上げ予算と経営目標とのギャップを埋めるための成果指標として定める。 | 責任者と関連部署を明示しておく。 | | 計画 | 具体的な活動計画に落とし込み，各担当者の行動計画に連動させていく。 | |
| | | | 提出資料 | | | 指標結果 | | |
| | | | 管理対象の資料を明示しておく。 | | | | | |
| | | | 【参考】前年実施 | | | 行動結果 | | |
| | | | 必要に応じて前年実績を記載する。例えば，不良率〇％とか。 | | | | | |

繰り返しになりますが，予算と目標のギャップを埋めるには，戦略テーマおよびその行動計画の設定が非常に重要となります。

そのため，行動計画はあいまいな表現とはせずに，「誰（どの部署）が」「いつ」「どのくらいの水準で」「何をするのか」の少なくとも4項目を明示しておく必要があります。

例えば，材料Aを海外調達に切り替えるということであれば，

> 4月度：購買部が材料Aの代替となる材料を調達できる海外メーカーを3社
>     以上リストアップし，サンプル材料を取り寄せる。
> 5月度：品質保証部および生産技術部において，7月末までに海外材料の評
>     価を実施してもらう。
> 6月度：営業部において，購買部で試算した購入原価などに基づき，海外材
>     料への切替について顧客に了承を得る。
> 7月度：品質等の評価結果に問題なければ，製造部において量産試作を実施し，
>     問題なければ，最終的な顧客への打ち上げを行う。

などといった形で記載すべきでしょう。

なお，行動計画の語尾には，「○○を検討する」「管理する」「調整する」といった曖昧な表現は避けるべきです。

仮に「○○を検討する」という内容であれば，具体的に何をどのような水準まで作成するのかを記載します。例えば，「不良率を3％低減するために，現在不良率の高い製品Xの製造工程の見直しとして，冶具などを製作する」などと具体的に記載するように心掛けます。

同様に，「○○を管理する」という内容であれば，管理する対象や手段などを明示したうえで，どのような状態にしたいのか，維持したいのかを記載します。例えば，「製品別の収益管理表を毎週確認して，利益率が悪化した製品について，その原因を追究し，付加価値率60％を確保する」などと具体的な内容を記載するように心掛けます。

「○○を調整する」という内容であれば，どこに対して，どのような内容を調整するのかについて記載します。例えば，「顧客の生産情報をスムーズに社内に展開するために，購買部と製造部に対して，翌月以降の見通しを15日までに伝えて，購買計画と生産計画に反映できるようにする」などと具体的な内容を記載するように心掛けます。

日々の活動結果は，例えば，材料費20百万円の削減に対する結果は指標結果

に，行動計画に対する結果は行動結果に月次単位で記載します（ 図表3-31 ）。具体的には，その内容を達成できた「○」，達成できなかった「×」で記載し，その内容も記載します。併せて，推進状況の進捗も管理し，指標結果等が芳しくない場合は，翌月以降の行動計画を見直すことも必要となります。

　このように，**行動計画に対する行動結果および指標結果を記録することで，それぞれの因果関係などを意識することが重要です。各現場においては，あまり成果指標などを意識せずに改善活動を実施されていることも多いのですが，予算を意識した活動に切り替えるべきです。**

　継続的な経営改善を推進していくには，このように日々コツコツと PDCA サイクルを回すことが重要となります。

図表3-31　**行動計画に対する結果の記載方法**

| No | 戦略テーマ | テーマ概要 | 成果指標・達成水準 | 推進責任 | 関連部署 | | 行動計画 4月 | 行動計画 5月 |
|---|---|---|---|---|---|---|---|---|
| 1 | | | 成果指標・達成水準および行動計画に対して，達成できた場合「○」，達成できなかった場合「×」で記録します。<br><br>【参考】前年実施 | | | 計画 | | |
| | | | | | | 指標結果 | ○<br>具体的な指標結果（定量的な結果）を記載します。 | × |
| | | | | | | 行動結果 | ○<br>具体的な行動結果（定性的な結果）を記載します。 | × |

### ④　月次業績管理としての戦略会議の開催

　戦略会議は月次会議として基本的には月に1度の開催となります。その会議の場では後継者を中心に現状を共有し，次月度以降の活動について討議します。

　そのためには，予算に対してどのような実績であったのかといった事実（データ）の集計が必要です。従来のワンマン経営のときのように勘と経験だけに頼った議論はできるだけ避けるようにします。

試算表を作成するように、これまでに説明してきた「①損益管理表」「②顧客別付加価値管理表」「③売上見通し・新規案件および営業戦略一覧」において、当月度の実績値を集計します。

そして、「③売上見通し・新規案件および営業戦略一覧」において、当月度の売上高の実績を更新するのと併せて、少なくとも3カ月先の売上見通しを更新します。その見通しと当初の予算（期初時点での見通し）に差異がある場合は、今後の営業方針を変更するかどうかも検討します。

**重要なことは、会社全体を未来志向にしていくことで**、「将来の売上見通しがこうなりそうなので、それに合わせて会社全体として改善活動に取り組もう」、という思考に変えていくことです。

そのために、営業担当者は先に説明したとおり、御用聞き営業ではなく、顧客や市場から情報を集めるというスタンスに変わる必要があります。

図表3-32　**営業見通しの反映**

4月度終了時点

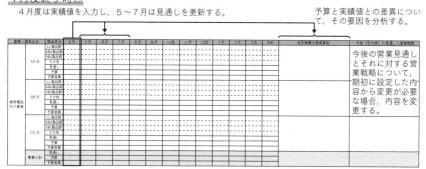

各事業部においては、予算に対する実績値や行動計画に対する行動結果をとりまとめ、特に予算が未達の場合は、その原因を分析し、次の改善の手立てを検討してもらいます。また、予算を大きく上回って達成した場合も、なぜ予算を大幅に超えて達成することができたのかを検討すべきです。

とにかく、予算と比べて差異が発生したときは、その原因を分析し、戦略

第3章　後継者が継ぎたくなる会社のつくり方

テーマなどの計画を見直す必要がないのかどうかをしっかりと検討しなければなりません（その内容は差異分析シート（ **図表3-33** ）などで検討します）。

**図表3-33**　**差異分析シート**

①－1 損益管理表における差異分析シート　　　　　　　　　事業

Ⅰ．営業利益差異　　　　　　　　　　　　　　　　（千円）

| 勘定科目 | 予算 | 売上比 | 実績 | 売上比 | 月次予算対比 | 差異 |
|---|---|---|---|---|---|---|
| 営業利益 | | | | | | |

Ⅱ．主要勘定科目予算差異　　　　　　　　　　　　　　　　　　　　（千円）

| 勘定科目 | 予算 | 売上比 | 実績 | 売上比 | 月次予算対比 | 差異 | 差異が発生した主な要因 | 対応方針や今後の見通し |
|---|---|---|---|---|---|---|---|---|
| 売上高 | | | | | | | | |
| 　材料費 | | | | | | | | |
| 　外注費 | | | | | | | | |
| 　付加価値 | | | | | | | | |

Ⅲ．その他勘定科目予算差異（1,000千円以上の差異について考察する。）　　　　（千円）

| 勘定科目 | 予算 | 売上比 | 実績 | 売上比 | 月次予算対比 | 差異 | 差異が発生した主な要因 | 対応方針や今後の見通し |
|---|---|---|---|---|---|---|---|---|
| 主なプラス要因 | | | | | | | | |
| | | | | | | | | |
| | | | | | | | | |
| | | | | | | | | |
| 主なマイナス要因 | | | | | | | | |
| | | | | | | | | |
| | | | | | | | | |
| | | | | | | | | |

Ⅳ．フォロー対象事項に対する対応結果・対応状況（前回戦略会議での指摘事項等）

| フォロー対象事項 | 指摘内容等 | 対応結果・対応状況・進捗状況等 |
|---|---|---|
| | | |
| | | |
| | | |
| | | |

144

8. ステップ3 業績管理制度の構築方法

　戦略会議では，結果の共有だけ（報告会）ではなく，今後の方向性について，しっかりと討議することが重要です。

　事業部で対応できることはできるだけ権限を事業部に委譲し，事業部で原因の分析，改善策の検討をし，解決してもらいます。戦略会議では，事業部横断で対応しなければならないこと（事業部間での経営資源の配分や事業部合同での取組みの推進など）についてしっかりと議論します。

　そして，ワンマン経営のような経営トップ主体ではなく，事業推進責任者を主体として，自由闊達な議論を行うように心掛けましょう。

### 図表3-34　戦略会議での討議事項

| 経営層および事業推進責任者が会社全体および各事業部での状況を把握し，結果の共有に留まらず，**今後の方向性について討議を行う**。 |
| --- |

| 特に事業部内だけでは対応できない事項，つまり**事業部横断で取り組まなければならない事項**（事業部間での経営資源の配分など）についてしっかりと議論する。 |
| --- |

| 経営トップ主体ではなく，**事業推進責任者が主体となり，自由闊達な議論**を行う。 |
| --- |

　ところで，ファミリービジネスの事業承継の問題において，十分な収益が上がっていないために，例えば，経営者の個人保証を外すことができない，後継者が継ぎたいと思わないなどの問題が起きることもあります。しかし，ここまで説明してきたように，チーム型経営をしっかりと実践すれば，必ずと言ってもいいほど収益は改善されます。

　確かに，その実践は大変なものです。しかし，ここまでしなければなかなか経営改善はしません。

　このような業績管理制度を構築し，ワンマン経営から後継者を中心としたチーム型経営に移行できれば，後継者自身の負担も軽減され，また，永続的に会社の経営改善が進み，強いファミリービジネスが実現されます。

**145**

また，事業推進の責任者や会社の従業員らも，上からの命令を受けて動くのではなく，自ら責任を持って活動するスタイルになり，会社全体がイキイキとしてきます。

　そのような会社が実現できれば，後継者も継ぎたいと思うでしょうし，その中心にいることで後継者自身も会社や従業員と共に成長していくことができる，理想的なファミリービジネスが実現されるでしょう。

# 後継者に要職を譲った経営者はどのような役割を担うべきか？

---

　経営者の引退のパターンを分類すると，以下の4つのパターンに分類されるそうです。

　1つ目は「君主型」で，在任時は会社の規模を大きくすることに力を入れ，企業成長に寄与しますが，自発的には引退しません。そのため，自身が亡くなるか，社内クーデターが生じ，解任されるまで居続けるタイプです。ファミリービジネスの創業者に最も多いパターンです。

　2つ目は「将軍型」で，強制的でないと退任しないのは君主型に似ているのですが，しぶしぶ引退した後に，常に後継者が後任にふさわしくない（事実や思い込みの場合があります）と判断し，会社を救済するという理由で，トップ・リーダーへの返り咲きを画策します。復帰後は救済者として会社に君臨し続けます。

　3つ目は「大使型」で，最もきれいな引退をします。引退後も会社と関係を保ち，後継者の良き指南役（メンター）となります。

　4つ目は「知事型」で，いさぎよく引退するものの，会社とは別の出口を見つけて，完全にそちらに移り，会社との関係は持ちません。

**【経営者のタイプによる引き際の違い[※]】**

| ①君主型 | ②将軍型 |
|---|---|
| ▶ 在任時は会社の規模を大きくすることに力を入れ，企業成長に貢献する。<br>▶ 自発的に引退しないために，自身が亡くなるか，社内のクーデターを発生するまで引退しない。 | ▶ しぶしぶ引退するものの，後継者が後任にふさわしくないことを理由とし，復帰を画策する。<br>▶ 復帰後は救済者として君臨し続ける。 |
| ▶ 最もきれいな引退。<br>▶ 引退後も会社と密接な関係を保ち，後継者のメンターとなる。 | ▶ いさぎよい引退。<br>▶ 引退後は新天地を開拓し，会社との関係を持たない。 |
| ③大使型 | ④知事型 |

※ J・ソネンフェルド（1992）『トップ・リーダーの引退』新潮社

最も良い引退のパターンは，「③大使型」です。経営者は共同就業を経た後に，後継者に対してトップ・リーダーを譲り，自身はファミリービジネスと適度な距離感を保ち，後継者のメンターになります。そのような事業承継が行われる，もしくは計画されることが最も望ましい形です。

　しかし，多くのファミリービジネスの経営者，特に創業者の場合は，「①君主型」「②将軍型」タイプが多いのが実情です。そのような経営者と対峙する場合，どのようなことに気を付けるべきなのでしょうか。

　いずれのタイプも事業承継計画を策定することに対して，必ずしも否定的であるとは限りませんが，一般的には前向きには取り組みません。そのため，まず，「③大使型」「④知事型」のような引退のタイプがあることや，事業承継計画を策定しなければどのような問題が発生しうるのか，例えば，後継者が後を継がない，ファミリービジネス自体が永続できないことなどを理解してもらう必要があります。

　そのうえで，後継者やその次の世代（孫世代），さらにその次の世代へと，ファミリービジネスを永続させていくことをイメージしてもらうことが非常に重要です。後継者に対しては，親子の葛藤として，ライバル視していることも多くありますが，そのさらに先の世代まで意識するとまた違った気持ちになり，ファミリービジネスの永続性に貢献しようと考えることもあります。

　もう1つ重要なことは，支援者サイドも，経営者から後継者にトップ・リーダーの座を譲るに際して，経営者に以下のような緊張や葛藤があることを理解すべきでしょう。

(1) 経営者の心の内なる葛藤として，これまでの英雄視されていた自己像との乖離を持つ
(2) 経営者と後継者の間で緊張が発生する
(3) 後継者と他の兄弟間で，特定の後継者がトップ・リーダーを継承することで緊張が発生する
(4) 経営者と長年勤務していた従業員，取引先との間で緊張が生まれる

　それぞれの葛藤や緊張を理解したうえで，支援者は経営者に対して，「③大使型」もしくは「④知事型」の引退をするように，事業承継をうまく進め

ていく必要があります。

　そのための１つの手段として，ファミリービジネスの現状を分析し，ファ
ミリービジネスの真の姿をオーナーに見てもらうことも大切だと思います。
ファミリービジネスのオーナーが考えている以上の問題があるかもしれませ
んし，その認識を機会に，事業承継を検討するかもしれません。

　多くのファミリービジネスのオーナー，また，一般の人もそうだと思いま
すが，第三者から何か言われて変わることはほとんどありません。第三者か
らの助言や問いかけによって問題点などに気づき，自己認識を変えなければ，
なかなか人は変わらないでしょう。

　このことからも，ファミリービジネスの支援者は，さまざまな角度から
ファミリービジネスを分析して，経営者に新しい気づきを与えることが大変
重要だと思います。

第 **4** 章

# ファミリービジネスの
# 分析をしてみよう

　財務分析や SWOT 分析などの経営面だけ
の現状分析だけではファミリービジネスの分
析として十分とは言えません。

　ファミリービジネスのことを正しく理解す
るためには，経営面に加えて，所有面，家族
面も合わせて分析していく必要があります。

　しかし，分析の対象が多岐にわたるために，
網羅的に効率的に分析する必要があります。
ここでは，スリーサークルモデルによる課題
抽出チェックシートをご紹介します。

# 1. 現状分析のねらいと目的

　現状分析は，一般的には財務分析など，経営面に関する現状について行うことになります。しかし，ファミリービジネスにおける現状分析はそれでは不十分です。

　これまで説明してきましたとおり，ファミリービジネスについて，「企業そのもの」と「ファミリービジネスのオーナーが置かれている状況」を経営（ビジネス），所有（オーナーシップ），家族（ファミリー）の観点から正しく理解しなければなりません。

　つまり，**一般的には「企業そのもの」だけが現状分析の対象になることが多いのですが，ファミリービジネスでは，「オーナー」やその周辺のファミリーの状況にまで目配りしなければなりません。**

　また，分析の視点としても短期的な課題の洗い出しではなく，100年，200年続くファミリービジネスの実現に向けた中長期的な視点で課題を洗い出すべきです。


　ファミリービジネスの支援者（税理士，中小企業診断士などの専門家）が現状分析を安易に考え，表層的な分析に留めた場合，オーナーの共感が得られない，つまり，オーナー自身が問題意識を持つところまで行けない可能性もあるので，しっかりと分析すべきです。

　現状分析の最終報告の段階で，オーナーから「よくこの短期間で当社のことを理解してくれましたね」と言われたら合格です。また，そこまで現状分析をしっかりとすることで次の提案内容も自然と見えるようになり，リピート契約にもつながりやすくなります。

　あくまでもコンサルティングサービスは契約したらそれで終わりではなく，そこからが始まりであることを忘れてはいけません。

# 2. スリーサークルモデルによる課題抽出

## ① スリーサークルモデルによる課題抽出チェックシート

これまで説明してきましたとおり，ファミリービジネスを対象に現状分析する場合は，経営（ビジネス）だけではなく，所有（オーナーシップ），家族（ファミリー）も加えた3つの分野について分析すべきです。

ただ，経営，所有，家族の3分野を対象にすると大変幅広く，どこから手を付けたらよいかわからないこともありますので，それらの観点を含んだチェックシートに基づき，現状分析をすることをおすすめしています。

それらの観点を盛り込んだ課題抽出のためのチェックシートを次ページに示します。先述した経営，所有，家族の3分野に加えて，それら全体のあるべき姿を示した三円一体モデル（ファミリービジネス目指すべき姿）の観点も盛り込んでいます。

**チェックシートを活用することで，ファミリービジネスが抱えている課題を経営，所有，家族，目指すべき姿の観点から分析でき，課題の重要度を把握することができます。**

その結果，例えば，経営分野に課題があれば，一般的な財務分析などを実施することができます。また，家族分野に課題があれば，ジェノグラム分析（82〜89ページ）などを通じて，より深く分析していくこともできます。

153

第4章　ファミリービジネスの分析をしてみよう

図表4-1　課題抽出チェックシート（経営，所有分野）

| No | 評価項目 | 当てはまらない | あまり当てはまらない | どちらでもない | やや当てはまる | 当てはまる |
|---|---|---|---|---|---|---|
| [経営（ビジネス）の観点] | | | | | | |
| 1 | 社是，経営理念等，会社が大切にしている事項が定められていますか。 | | | | | |
| 2 | 中長期に関する経営計画がありますか。 | | | | | |
| 3 | 予算編成（年度予算）や予実管理が実施されていますか。 | | | | | |
| 4 | セグメント単位（事業単位，顧客単位，商品単位）での業績管理制度が整備されていますか。 | | | | | |
| 5 | 経営の意思決定を行う会議において，社長以外の幹部，従業員が意見できる雰囲気がありますか。 | | | | | |
| 6 | 従業員に説明できる人事制度がありますか。 | | | | | |
| 7 | 取締役会が開催されていますか。 | | | | | |
| 8 | 信頼できる非ファミリー幹部はいますか。 | | | | | |
| 9 | 監査役会，内部監査など，社内の内部統制制度が整備されていますか。 | | | | | |
| 10 | 会計監査など，社外監査を受けていますか。 | | | | | |
| 11 | 後継者や社長交代時期は決めていますか。 | | | | | |
| [所有（オーナーシップ）の観点] | | | | | | |
| 1 | 株主の構成を知っていますか。 | | | | | |
| 2 | 株主総会が開催されていますか。 | | | | | |
| 3 | 自社株の株価（相続税評価額）は知っていますか。 | | | | | |
| 4 | 相続対策は実施していますか。 | | | | | |
| 5 | 株式移転に関する計画は立てていますか。もしくは実施していますか。 | | | | | |
| 6 | 遺言書や信託などで，今後の資産配分に関する取り決めを実施していますか。 | | | | | |
| 7 | 後継者への相続以外にも，可能性としてM&Aや株式（事業）売却などについても検討されていますか。 | | | | | |
| 8 | 顧問税理士や顧問弁護士がいますか。 | | | | | |

## 2. スリーサークルモデルによる課題抽出

### 図表4-2　課題抽出チェックシート（家族，三円一体モデル分野）

| No | 評価項目 | 当てはまらない | あまり当てはまらない | どちらでもない | やや当てはまる | 当てはまる |
|---|---|---|---|---|---|---|
| [家族（ファミリー）の観点] | | | | | | |
| 1 | 家系図はありますか。 | | | | | |
| 2 | 家訓，家憲など，言い伝えはありますか。 | | | | | |
| 3 | 家族は会社（事業）の内容を知っていますか。 | | | | | |
| 4 | 定期的な家族会議は実施されていますか。 | | | | | |
| 5 | 家族会議では自由闊達に意見が交換できるような雰囲気がありますか。 | | | | | |
| 6 | 女性（配偶者，娘）も意見が言えるような雰囲気がありますか。 | | | | | |
| 7 | 就業しているファミリー，就業していないファミリーのそれぞれの役割などが定められ，不満がないようにされていますか。 | | | | | |
| 8 | 一族，家族内の関係は良好ですか。 | | | | | |
| 9 | 後継者を育成するための仕組みや制度がありますか。 | | | | | |
| 10 | 家族の問題を解決するために，ファミリー評議会やファミリーオフィスなどの組織を整備していますか。 | | | | | |
| 11 | 家族のことで外部に相談できる専門家はいますか。 | | | | | |
| [三円一体モデル（目指すべき姿）の観点] | | | | | | |
| 1 | 経営，所有，家族のそれぞれの観点から，ファミリービジネスの問題を把握していますか。 | | | | | |
| 2 | 経営，所有，家族のそれぞれの観点から，目指すべき方向性や具体的な活動計画を定めていますか。 | | | | | |
| 3 | 家族（一族）において，ファミリービジネスが各人の活動における原動力になっていますか。 | | | | | |
| 4 | ファミリー，非ファミリーにかかわらず，人材の育成が投資（経営）に関する中心となっていますか。 | | | | | |
| 5 | 離職率が同業他社よりも低いですか。勤続年数が長いですか。 | | | | | |
| 6 | 従業員やファミリーに対して，社会へのボランティア活動の機会を作っていますか。 | | | | | |
| 7 | 環境を汚さないように，省エネ，資源節約，汚染対策などに積極的な投資を実施していますか。 | | | | | |
| 8 | 常にイノベーション活動を志向し，常に社会をよくする活動を推進していますか。 | | | | | |
| 9 | 経営判断を実施する際に，現世代，次世代を超えて，さらに次の世代を見据えた判断を行っていますか。 | | | | | |
| 10 | ファミリービジネスの永続性を志向していますか。 | | | | | |

第4章　ファミリービジネスの分析をしてみよう

　では，課題抽出チェックシートに記入するにあたって，どのような視点が必要なのでしょうか。それぞれの項目について説明したいと思います。

　経営分野において必要な視点は以下のとおりです。


(1)　経営理念・経営ビジョンといった目指すべき中期的な目標の有無

(2)　経営計画の有無

(3)　予算編成や予実管理の実施状況

(4)　セグメント管理などの業績管理の実施状況

(5)　人事制度の有無

(6)　企業ガバナンスの状況

(7)　後継者の有無や社長交代時期の検討状況　　など


　これまで説明してきましたとおり，100年，200年続くファミリービジネスを実現していくには，社是，経営理念が明確になっており，そのことが従業員に浸透していることが大切です。

　また，後継者が継ぎたいと思うファミリービジネスにするには，チーム型経営が必要であることや，その実現には，中期経営計画や予算編成・予実管理，業績管理制度，人事制度などの仕組みの必要性も説明してきました。


　課題抽出チェックシートの経営分野においては，そのようなことがどこまで実現できているのかを評価していくことになります。

　実際，多くのファミリービジネスにおいて，業績管理制度などの整備が十分になされておらず，事業承継に際して課題がある場合が多いように感じます。ここではそのような状況をあぶり出すことが目的となります。


156

次に，所有分野において必要な視点は以下のとおりです。

(1)　株主構成に関する理解度
(2)　相続対策に関する理解度
(3)　将来，相続時における問題の発生可能性
(4)　親族承継以外の事業承継に関する理解度　など

所有分野については，専門的な領域となるために，オーナー自身が把握されていないことも多いように思いますが，経営に並ぶ重要な分野であるために，しっかりと内容を理解しておく必要があります。十分な対策ができていない場合は，必要に応じて顧問税理士などと相談のうえ，検討すべきです。

次に，家族分野において必要な視点は以下のとおりです。

(1)　事業承継の後継者対象とする範囲について
(2)　家訓，家憲など経営理念以外のよりどころ
(3)　家族と経営（ビジネス）との距離感
(4)　就業ファミリーと就業していないファミリーの役割
(5)　後継者育成
(6)　ファミリーガバナンスの状況　など

家族分野をオーナーご自身が評価する場合は，評価に偏りがあることが多くなるため，理想的には他のファミリー（後継者，配偶者）にも評価してもらい，自己評価と他者評価を比べることが理想的です。

そのなかで新しい課題が見えることも多いです。また，このようなファミリーを巻き込むことで，巻き込まれたファミリー自身の意識が変わることも多く，**このような取組みの過程で，自社のファミリービジネスに興味を持っていなかった後継者が急にファミリービジネスを意識することも多いです。**一度，

これをきっかけに家族とファミリービジネスについてお話しされるのもよいと思います。

　一般的に，経営コンサルタントは，このような家族分野の現状把握を実施しません。それは家族問題を見つける可能性や，そのような問題に巻き込まれたくないという思いがあるためです。

　しかし，ファミリービジネスを本当に支援していくには，短期的な収益改善などを目標とするのではなく，永続できるファミリービジネスの実現を目標とすべきであるため，後継者の育成状況などを含む家族分野について把握しておかなければなりません。

　また，オーナー自身もあまり対策をしていない分野であるために，設問を示すことで，永続するファミリービジネスになるためには，このような項目の対策が必要なことを刷り込み，気づきを与えることも，大変重要なことです。


　最後に，三円一体モデル分野において必要な視点は以下のとおりです。


(1)　永続するファミリービジネスにとって必要な視点を盛り込む

(2)　核家族の範囲からその他親族の範囲まで広げる

(3)　社会との関係性

(4)　次世代に留まらず，さらに先の世代まで広げる　など


　ファミリービジネスのオーナーは，「ファミリービジネスの弱さ（危うさ）」（31～34ページ第1章7①）でも説明したように，会社を私物化する傾向があります。

　そうならないようにするために，**あるべきファミリービジネスの姿をオーナー自身が意識することが重要です。あるべき姿を意識することで，自分の戒めにもなります。**


　多くの項目において，当てはまらないということになるかと思いますが，常

にこのような状態に持っていく必要があるのだということを意識すべきです。

## ② 課題抽出チェックシートによる評価方法

課題抽出チェックシートによる評価の具体的な進め方として， 図表4-1 ，
図表4-2 のチェックシートの各項目について，5段階のうち，どこに当て
はまるのかを検討していきます。

また，後継者や番頭さんのような経営幹部にも実施してもらえれば，それぞ
れの意識ギャップを把握できます。

各項目は，以下の5段階で評価を行い，それぞれ1点から5点で点数化しま
す。

| 「当てはまらない」 | 1点 |
|---|---|
| 「あまり当てはまらない」 | 2点 |
| 「どちらでもない」 | 3点 |
| 「やや当てはまる」 | 4点 |
| 「当てはまる」 | 5点 |

そのうえで，各分野単位で集計を行います。経営分野および家族分野は11問
あるために，満点が55点となります。所有分野は8問のために満点が40点，三
円一体モデルは10問のために満点が50点となります （ 図表4-3 ）。

合計点を設問数で割って，それぞれの分野の平均を計算します。例えば，経
営分野での集計が28点だった場合は，平均値であるスコアは2.55となります。

同様に，所有分野が23点だった場合はスコア（平均値）2.88，家族分野が25
点だった場合はスコア（平均値）2.27，三円一体モデル分野が26点だった場合
はスコア（平均値）2.60となります。

**159**

| 図表4-3 | 分野別の集計結果 |

|  | 合計 | スコア（平均値） |
|---|---|---|
| 経営の観点 | 28/55 | 2.55/5.00 |
| 所有の観点 | 23/40 | 2.88/5.00 |
| 家族の観点 | 25/55 | 2.27/5.00 |
| 三円一体モデルの観点 | 26/50 | 2.60/5.00 |

スコア（平均値）をレーダーチャートにプロットします。

| 図表4-4 | レーダーチャートにプロットした結果 |

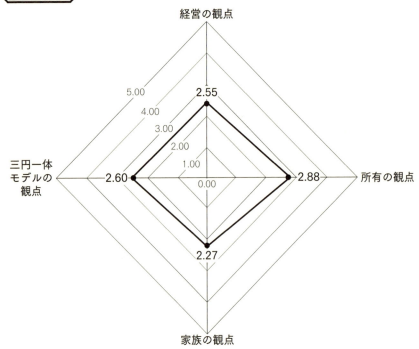

## 2. スリーサークルモデルによる課題抽出

　レーダーチャートの結果と、各軸の点数から、ファミリービジネスを4タイプに分類します。

(1) エクセレント型ファミリービジネス
(2) 一般型ファミリービジネス
(3) 経営課題型ファミリービジネス
(4) さみしいハート型ファミリービジネス

### 図表4-5　課題抽出チェックシートによるファミリービジネスのタイプ分け

(1) エクセレント型ファミリービジネス

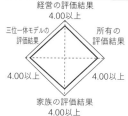

4分野ともすべての項目で評価が高く、経営、所有に留まらず、家族や社会（地域）に対する意識や取組みができている段階。
すべてのファミリービジネスの模範となるような企業。

(3) 経営課題型ファミリービジネス

4分野ともすべての項目で評価が低く、家族面もさることながら、経営、所有にも課題がある状態。
事業承継なども見据えて、経営に関する各種制度設計（経営の高度化）などが望まれる。

(2) 一般型ファミリービジネス

経営、所有に関する取組みはできており、企業としては大きな問題がない状態。ただし、家族や社会（地域）に対する取組みが弱く、将来、事業承継等の段階で、問題が発生する可能性がある。
また、100、200年続く企業になるためにも、もう一段高い取組みが望まれる。

(4) さみしいハート型ファミリービジネス

家族や社会（地域）に対する取組みが十分ではなく、企業として問題を抱えている場合、もしくは問題がない場合であっても、家族間の不協和音などでいずれ大きな問題が発生する可能性がある。

　ファミリービジネスを課題抽出チェックシートの結果から4つのタイプに分けることで、大体どの分野に課題があるのかが理解でき、何から着手していけばよいのかがわかります。

第4章　ファミリービジネスの分析をしてみよう

### ③　課題抽出チェックシートによる分析結果

　課題抽出チェックシートの評価後は，分析した結果を示します。

　このファミリービジネスの場合，「経営課題型ファミリービジネス」と分類されます。

　経営，所有，家族，三円一体モデルにおいて，社長の自己評価によると，所有分野（2.88）は株式の分散もしておらず，最も評価の高い分野となりました。経営分野は2.55，家族分野は2.27，三円一体モデルは2.60となり，いずれも中央値（3.00）よりも低い値となり，それぞれの分野において，課題があることがわかりました。

　特に経営分野において，予算編成，予実管理，業績管理制度，人事制度といった一般的なマネジメントに関する仕組みが整備されておらず，組織的な活動を推進していくには課題があります。第3章で説明したようなチーム型経営を実現するには，これらの仕組みを整備していく必要があります。

　所有分野においては，比較的株式が分散されていないこともあり評価は他の分野と比べて高くなっていますが，今後，企業価値向上が期待され，株価対策を含めた事業承継の取組みが必要となります。

　家族分野においては，家族内でのコミュニケーションに課題が見られ，ジェノグラム分析を追加で実施し，どのようなコミュニケーションを図るのかを検討する必要があります。

　三円一体モデルにおいては，会社の枠を超えた社会，従業員，次世代などへの働きかけが十分に行われておらず，将来的にどのようなファミリービジネスを目指すのかを，これを機会にオーナーと共有していく必要があります。

　このように，課題抽出チェックシートを実施するだけで，各分野の課題を俯瞰できることから，スリーサークルモデルによる課題抽出は大変有益な手法だとわかっていただけるかと思います。

2. スリーサークルモデルによる課題抽出

**図表 4-6** 課題抽出チェックシートによる分析結果（例）

| 企業名 | 株式会社 XX |
|---|---|
| タイプ | 経営課題型ファミリービジネス |

分析結果

1. 経営，所有，家族，三円一体モデルにおいて，社長の自己評価によると，所有分野（2.88）は株式の分散もしておらず，最も評価の高い分野となった。経営分野は2.55，家族分野は2.27，三円一体モデルは2.60となり，いずれも中央値（3.00）よりも低い値となった。
2. **経営分野において，予算編成，予実管理，業績管理制度，人事制度といった一般的なマネジメントに関する仕組みが整備されておらず，組織的な活動を推進していくには課題がある。**
3. 所有分野において，比較的株式が分散されていないなどの評価は良いが，今後，企業価値向上が期待され，**株価対策を含めた事業承継の取組みが必要**である。
4. 家族分野において，家族内でのコミュニケーションに課題が見られる。
5. 三円一体モデルにおいて，会社の枠を超えた社会，従業員，次世代などへの働きかけが十分に行われていない。

分野別スコア（平均値）

| | 合計 | スコア（平均値） |
|---|---|---|
| 経営の観点 | 28/55 | 2.55/5.00 |
| 所有の観点 | 23/40 | 2.88/5.00 |
| 家族の観点 | 25/55 | 2.27/5.00 |
| 三円一体モデルの観点 | 26/50 | 2.60/5.00 |

第4章 ファミリービジネスの分析をしてみよう

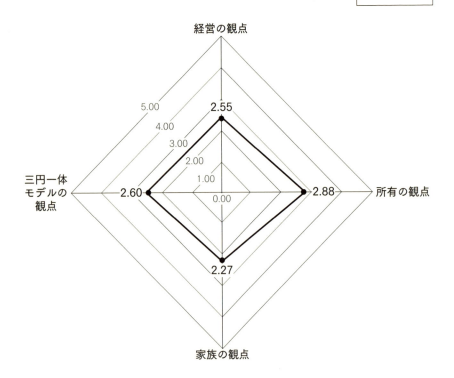

164

# 3. 支援者による詳細なファミリービジネスの現状分析

## ① 現状分析の範囲

スリーサークルモデルによる課題抽出チェックシートを実施して，ファミリービジネスにおける課題を分野ごとでその重要度が把握できた後に，さらに問題点を深掘していくにはどのようにすればよいでしょうか。

基本的には 図表4-7 に示されるような項目について，各分野で分析を進めていくことをおすすめします。支援者がファミリービジネスのオーナーに対して，現状分析をする際には，下記のような項目を企画書で提示して，分析を進めます。

図表4-7 **ファミリービジネスの詳細な現状分析の項目**

| | 経営観点 | 所有観点 | 家族観点 |
|---|---|---|---|
| 簡易現状分析 | ・スリーサークルモデルによる課題抽出チェックシートによる現状分析 | | |
| 詳細な現状分析対象 | ・財務分析<br>（5カ年程度の財務諸表）<br>・内部環境分析<br>（経営層やキーマンへのヒアリング） | ・株主の構成割合<br>・オーナーに対するヒアリング | ・ジェノグラム分析<br>（家系図）<br>・必要に応じて家族（親族）へのヒアリング |
| 報告内容 | ・財務分析および内部環境分析からみた経営上の課題<br>・スリーサークルモデルからの現状分析結果<br>・経営承継上の課題　　　　　　　　　　　　　　　　　など | | |

165

第4章　ファミリービジネスの分析をしてみよう

そのうえで，各分野について追加で詳細な分析を行い，ファミリービジネスのオーナーに対して，経営上の課題や経営承継を進めるうえでの課題を示し共有していきます。

② **資料収集**

詳細な現状分析にあたって，まずは，ファミリービジネスのオーナーから現状分析のための資料を収集します。

資料収集のタイミングとしては，早いタイミングが望ましいです。そのため，企画提案を行い，契約が決まった段階で，キーマンへのヒアリングスケジュールの設定と同時に，提供依頼資料の一覧を渡し，存在する資料から提供してもらいます。

事前に資料を取得できれば，オーナーやキーマンへのヒアリングの前に，資料を見たうえでの仮説を設定することができます。そのほうが，ヒアリングの精度も上がり，よりファミリービジネスのオーナーが抱えている課題に迫ることができます。

提供依頼資料は，会社案内から財務内容に関わるものまで多岐にわたります。そのため，現在のファミリービジネスに存在しないものまで含まれていますが，そのような資料については，無理に作成してもらう必要はありません。

特にセグメント別業績推移や中期経営計画などは作成していないことも多く，ゆくゆくこのような管理会計上の資料を整備していくことになります。

第3章で説明したチーム型経営を実現する過程で整備していけば問題ありません。

166

3. 支援者による詳細なファミリービジネスの現状分析

| 図表4-8 | 主な提供依頼資料 |

1. 会社案内
2. 組織図／業務分掌（役割）
3. 株主構成・株価に関する資料
4. 決算書（5カ年程度）
   ①企業別 P/L，B/S
   ②連結 P/L，B/S
5. 経営会議などで使用されている資料一式
6. セグメント別業績推移（5カ年程度）
   ①顧客別（チャネル別）P/L
   ②製品別 P/L
7. 経営・事業戦略関連資料
   ①事業別方針
   ②主要顧客／戦略製品の方針
8. 中期／年度予算資料
   ①販売計画（収益計画）
   ②設備投資／人員計画
9. 顧客情報資料（外部環境関連資料）
   ①事業戦略，販売計画策定のための参考資料
     （主要顧客の事業計画や生産計画など）
   ②各種統計資料（調査会社発行の調査報告書等）
10. 競合会社に関する資料
11. 会議体に関する資料
    （どのような会議体があり，どのような資料に基づき，
    何が討議されているのか）
12. その他現状分析に参考になる資料　　　　　　　など

③ **財務分析**

　資料分析の基本事項としては，財務分析が挙げられます。税理士などの専門家がコンサルティングサービスを提供する場合は，比較的決算書を入手しやすいのですが，そうでない場合，いきなりコンサルタントに決算書を提示したくないというオーナーもいます。

　その際は，無理に決算書の提出を求めないで，財務分析はしない方向で調整し，できる範囲で現状分析を進めても問題ありません。

**167**

第4章　ファミリービジネスの分析をしてみよう

　仮に決算書を入手できれば，5カ年ほどの決算書をデータ化し，事業力，収益性，効率性，安全性の視点で財務分析を行い，財務面からの課題を抽出します。

　例えば，製造業の場合は，損益分岐点が重要となるため，数年間の損益分岐点売上高の推移や変動費比率，固定費の金額の増減なども調べます。

**図表4-9　財務分析の項目（例）**

| 視点 | 分析項目 | | 項目の定義 |
|---|---|---|---|
| 事業力 | ROA（総資産営業利益率） | | 営業利益／総資産×100（％） |
| 収益性 | 売上高原価率 | | 製造原価／売上高×100（％） |
| | 売上高営業利益率 | | 営業利益／売上高×100（％） |
| | 売上高経常利益率 | | 経常利益／売上高×100（％） |
| | 製造原価費目別対売上高率 | | 製造原価（材料費・労務費・外注費・経費）／売上高×100（％） |
| | 売上高販管費率 | | 販管費／売上高×100（％） |
| 効率性 | 総資産回転期間 | | 総資産／売上高×365 |
| | | 売上債権回転期間 | 売上債権／売上高×365 |
| | | 棚卸資産回転期間 | 棚卸資産／売上高×365 |
| | | 有形固定資産回転期間 | 有形固定資産／売上高×365 |
| | | 現預金回転期間 | 現預金／売上高×365 |
| 安全性 | 自己資本比率 | | 自己資本／総資産×100（％） |
| | 債務償還年数 | | 有利子負債／（営業利益＋減価償却費） |
| | 流動比率 | | 流動資産／流動負債×100（％） |
| | 固定長期適合率 | | 固定資産／（固定負債＋自己資本）×100（％） |

　他でも顧客別・製品別データが取得できれば，その内容の分析を行い，どの顧客で売上が伸びているのか，利益が出ているのかを調べ，なぜ，そうなったのかをキーマンなどへヒアリングを行えば，そのファミリービジネスの強みも見えてきます。

**168**

3. 支援者による詳細なファミリービジネスの現状分析

キーマンへのヒアリングも資料分析もこれだけすれば大丈夫といった定型的な枠組みがないのがコンサルティングサービスであるために，コンサルタントの裁量によるところは大きいです。

重要なことは，現状分析を通じて，ファミリービジネスのオーナーが抱えている課題を明確にして，オーナーから「よくこの短期間で当社のことを理解してくれましたね」と言われる状態にまで持っていくことです。

## ④ キーマンへのヒアリング

コンサルティングサービスでは資料の分析なども行いますが，ファミリービジネスのオーナーやキーマンへのヒアリングを通じて，これまで培ってきた知見などから課題を見出すことは重要です。

**ヒアリングについては誤解されることも多いのですが，何も適当に相手の話を聞いているわけではなく，事前にヒアリング対象者ごとにどのような内容を聞くかをとりまとめたヒアリングシートを準備し，その内容に従って行います。**

当然ながら，ファミリービジネスのオーナーに対するヒアリングと，キーマンに対するヒアリングは聞く内容が異なります。

実際に，ヒアリングで聞く項目は次に記載したとおりです（図表4-10）。事前に取得した資料やすでに公開されている情報，例えば，会社ホームページや業界情報などから何かしらの仮説がある場合は，その内容を確認していきます。

例えば，その企業が属する業界が少子化の影響を受ける場合は，その影響がどのようなものか，また，その対策としてどのようなことを実施しているのかを確認します。

基本的には，コンサルタントの中にある仮説を検証する形でヒアリングを実施していくことが重要です。

ヒアリングした内容については，議事録という形で発言者の話を一言一句そのままメモとしてとりまとめることをおすすめしています。

第4章 ファミリービジネスの分析をしてみよう

| 図表4-10 | 主なヒアリング項目（例） |

```
1. 企業沿革や大きな出来事
2. 事業概要
   ①製品構成
   ②顧客構成
   ③商流・物流
   ④競合他社
3. 事業環境の認識
4. 経営戦略・事業戦略
5. 経営マネジメントのレベル
   ①会議体
   ②予算編成・予実管理
   ③業績管理制度
   ④人事制度
6. 所有観点
   ①株主構成
   ②相続対策
7. 家族観点
   ①後継者との関係
   ②ジェノグラム分析
8. 課題認識
9. 中長期的な見通し
10. 取得資料における内容確認              など
```

　というのも，ヒアリング時点ではあまり重要でないと思っていた発言が，後から読み直すと，重要な発言であることも多いためです。

　また，育成中の若手コンサルタントと一緒にヒアリングする場合は，若手コンサルタントには，先輩コンサルタントの質問内容も議事録（メモ）として記録してもらったほうが望ましいです。

　コンサルタントとクライアントとのやりとり（質問と回答）をとりまとめ，その内容を読むことで，コンサルタントとしての基本能力である質問力が高まるためです。

　その他にヒアリングで気を付けることは，ファミリービジネスのオーナーではなく，キーマンや担当者にヒアリングをする場合，特に担当者などはヒアリ

ング内容がオーナーに報告されることを嫌う場合があります。したがって，ヒアリング内容について発言者がわかる形では報告しない旨をヒアリングの冒頭で説明したうえでヒアリングを行うことが望ましいです。

　ヒアリング内容のとりまとめは，項目ごと，例えば，事業状況，マネジメントの状況，組織風土，強み・弱み，課題認識，将来の見通しなどにグルーピングを行い，他の分析結果とともに，課題の明確化につなげていきます。

⑤　**報告書のとりまとめ**

図表4-11　ヒアリングのとりまとめ方法

　一般的な報告書の目次は次ページのとおりです（図表4-12）。必要に応じて追加もしくは削除していただければよいと思います。一般的な経営コンサルタンティングとは異なり，経営分野だけではなく，所有分野，家族分野についても分析を行うところが，スリーサークルモデルによる現状分析となります。

　繰り返しになりますが，ファミリービジネスのオーナーへ現状分析の結果を報告するうえでの一番のポイントは，オーナーから「よくこの短期間で当社のことを理解してくれましたね」と言ってもらえるようなものになっているかどうかです。

　しかし，そのような言葉がもらえず，オーナーから「そんなことはない」「このデータはおかしいのではないか」などの反論があった場合は，課題に関する認識合わせを何度か行い，課題を共通認識として捉える状態にまで持っていく必要があります。

そのため，報告内容に自信がない場合は，事前に課題を小出しにして，都度，オーナーが抱いている課題認識とずれがないかどうかを確認していくことが望ましいです。課題のすり合わせのためには，２，３度打合せすることが一般的です。

図表４-12　報告書の目次（例）

経営（ビジネス）分野に関する報告
1．外部環境調査の結果
　　①マクロ環境
　　②ミクロ市場調査（業界調査）
　　③主要顧客調査
　　④競合調査
　　⑤外部環境調査から予測される市場の伸び
2．財務分析の結果
　　①全社財務分析
　　②事業別財務分析
　　③主要顧客・主要製品別分析
3．経営課題（社内ヒアリング）
　　①項目別ヒアリング結果
　　②強みと弱み
　　③経営課題
　　④取り組むべき方向性

所有分野・家族分野に関する報告
1．株主構成
2．ジェノグラム分析
　　①家系図
　　②親族における就業状況
　　③親族における株式保有数・構成割合
3．課題抽出チェックシートの結果
4．事業承継対策状況　　　　　　　　　　など

# 最近，流行りの「ベンチャー型事業承継」とは何か？

　最近，新聞紙面でも事業承継した後継者の成功物語として，ベンチャー型事業承継について取り上げられることも多くなってきました。

　これは，本書の冒頭で紹介しました，中小127万社が廃業危機を迎えるという社会問題に対する1つの解決策として，「ベンチャー型事業承継」が期待されているためだと思います。ベンチャー型事業承継を推奨している者としては非常に喜ばしいことであり，この流れがさらに大きなものになってほしいと思います。

　ここでは改めて「ベンチャー型事業承継」とはどのようなものなのか，また，具体的な取組みとしてどのように推進すべきなのかについて説明します。

　そもそもベンチャー型事業承継は，「有形無形の経営資源を最大限に活用し，リスクや障壁に果敢に立ち向かいながら，新規事業，業態転換，新市場開拓，新商品開発など，新たな領域に挑戦し続けることで永続的経営を目指し，社会に新たな価値を生み出すこと」を意味し，以前では第二創業などと呼ばれていました。しかし，「第二創業」では何か言葉としてワクワク感がないということで，株式会社千年治商店の代表取締役山野千枝氏（一般社団法人ベンチャー型事業承継　代表理事）が考えられたのが「ベンチャー型事業承継」という言葉です。

【ベンチャー型事業承継で新たな分野の開拓】

173

一般的なベンチャーとベンチャー型事業承継の違いを見てみましょう。

一般的なベンチャーは，野心を持った起業家が世の中にない新しいモノや仕組み（多くの場合はIT分野による）を創造し，それにより上場（譲渡）することを目的にしています。

一方，ベンチャー型事業承継は，ファミリービジネスの後継者（アトツギ）によって，企業の成長戦略の1つとして，家業の資源を活用し，新しい取組みをすることです。

このように，ベンチャー型事業承継には，ベンチャーのような派手さはないように思われますが，昨今のベンチャーブームもあってか，現在は，一般的なベンチャーに近いIT分野などのビジネスを創造する後継者も多くなっています。

**【ベンチャーとベンチャー型事業承継との違い】**

| ベンチャー（起業家）による事業開発 | | ベンチャー型事業承継（後継者）による事業開発 |
|---|---|---|
| ・世の中にない新しい事業の創造<br>・創業者利益の確保 | 目的 | ・ファミリービジネスの事業承継（永続的な経営）における**成長戦略の1つ**としての位置づけ。<br>・**後継者の育成**なども目的。 |
| ・1世代（起業家自身）によって実現される。<br>・事業開発期間は数カ月から数年。 | 時間軸 | ・先代（現経営者ら）が蓄積した経営資源などを活用するために，数世代に及ぶ。<br>・事業開発自体は数カ月から数年だが，家業などとの調整も必要なために，ベンチャーよりは時間がかかる傾向。 |
| ・資本が限られているために，IT系が多い。 | 事業領域 | ・家業（ファミリービジネス）の事業領域からアメーバ的に拡大。そのため，事業領域は多種。 |
| ・すべてゼロからスタート。 | 経営資源 | ・**家業（ファミリービジネス）のヒト・モノ・カネが活用できる。** |
| ・特になし。 | 制限 | ・家業（ファミリービジネス）の業界慣習や企業慣習などがある。<br>・しかし，**比較的しがらみの少ない後継者なら挑戦しやすい環境**にある。 |
| ・一般的な新規事業開発と同じで，マーケットニーズを的確にとらえて，新しいサービス等を提供できるかどうか。<br>・また，競争優位を維持できるかどうかなど | 成功のポイント | ・一般的な新規事業開発に加えて，家業（ファミリービジネス）や先代（父・母・その他親族），経営幹部との調整が必須。 |

ベンチャー型事業承継を成功させるポイントは，まずは，単純に，後継者が興味を持って取り組めることを推進することだ思います。

　そのなかで重要なことの1つ目は，先代から脈々と続く家業についての経営資源の棚卸しをしっかりと行うことです。その際は，家業の経営資源の棚卸しだけではなく，後継者の興味・関心，スキル（経歴）や人脈などについても整理することが大変重要です。

　2つ目は，ファミリービジネスならではの課題である，先代や家族と経営幹部との調整が必要になります。

　この2点はベンチャー型事業承継の特徴と言えます。


　一般的に新規事業開発は「千三つ」（センミツ：千に三つぐらいしか成功しないことを意味する）であるために，より成功の可能性を高めるべく，事業アイディアを考えるにあたって，2つポイントがあります。

　1つ目は，経営資源をモノや技術などだけでとらえるのではなく，"機能"として捉えることです。例えば，200tプレス機という設備ではなく，正確なプレス加工（正確性）などとします。

　もう1つは，事業領域は今後伸びる市場を対象とすべきです。例えば，現在ではヘルスケア，エネルギー，環境，電気自動車，IOT，AIなどとなります。

　1つ目の機能と2つ目の伸びる市場で，強制的に事業アイディアを出していきます。制約条件の下でアイディアを出したほうがより革新的なアイディアが出ることは研究としても紹介されていることで，非常に有効な手立てとなります。


　また，最近，よく見られるベンチャー型事業承継のビジネスモデルとして，家業の経営資源と後継者のITスキルなどを組み合わせ，事業に取り組む方法があります。

　ファミリービジネスの後継者が，先代と同じことをしないといけないと思っている場合は，一度その呪縛から離れて，家業の経営資源を生かして何か新しいことができないかを考えてみるのがよいと思います。

第 **5** 章

# 永続を叶える 『経営』承継の方法

　永続を叶える『経営』承継を実現にするに
は，どうしても時間がかかります。その実行
を確実なものにするためにも，事業承継計画
の策定が不可欠です。

　しかし，一般的な事業承継計画は現経営者
から後継者にどのような形で株式を移すのか
を計画していますが，それだけは不十分です。
ここでは，永続を叶える『経営』承継を実現
するために，どのような事業承継計画を策定
すべきかについて説明します。

# 1. 永続を叶える『経営』承継とは

　これまで説明してきましたとおり，ファミリービジネスを永続させていくには，スリーサークルモデルで掲げている経営（ビジネス），所有（オーナーシップ），家族（ファミリー）における課題を解決しておく必要があります。

　非常に大切なことなので，もう一度，どのような課題に対応すべきかを確認しておきましょう。

図表5-1　ファミリービジネスが解決すべき課題（再掲）

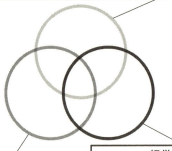

**所有（オーナーシップ）**
①所有に関するガバナンスの構築
　・単独オーナーとするのか，複数オーナーとするのか，オーナーシップの観点からどのようなガバナンスを構築するのか
②資産承継（株式承継）の推進
　・相続対策と議決権は分けて考える必要がある

**家族（ファミリー）**
①家族のよりどころとなるポリシーの策定
　・家訓，家憲の制定
②後継者の育成
③家族での話し合いの場づくり
　・ファミリーミーティング，ファミリー評議会

**経営（ビジネス）**
①社是，経営理念などの浸透
②中期的な経営計画の立案
　・経営ビジョン，事業領域の見直し
　・後継者の指名，社長交代のタイミング
③後継者による経営推進ができる体制の整備（チーム型経営）
　・業績管理制度や人事制度などの構築
④経営上のガバナンスの構築

## 1. 永続を叶える『経営』承継とは

事業承継において，株式などの資産をどのようにご子息に承継するのかという資産承継もありますが，特に重要なことは経営自体をどのようにご子息に承継するのか，つまり，『経営』承継をどのように実現するのかが重要だということを，ここまで説明してきました。

そして，そのためには，後継者がファミリービジネスに希望を持ち，前向きに承継できるように，チーム型経営を実現させることの必要性についてもお伝えしてきました。

このようにファミリービジネスとして目指すべき姿や経営承継のための仕組みが整備できて初めて，永続するファミリービジネスは実現できるのです。

特にファミリービジネスのオーナーはその意識を持つ必要があります。ファミリービジネスのオーナーは，ともすれば自分の世代のことだけを考えがちで，他の世代について考えるとしても，ご子息までのことが多いように思います。しかし，**本当の永続のためには，孫の世代，その次の世代までに思いを馳せ，どのような取組みが必要かを考えなければなりません。**

ファミリービジネスの支援者らは，ファミリービジネスのオーナーに対して，短期的な目線や目の前の課題への取組みではなく，長期的な目線に立って，このファミリービジネスを永続させていくにはどのような取組みが必要なのかという視点でアドバイスしていく姿勢が，これからは必要になります。

それでは，永続を叶える『経営』承継を実現するために，具体的にどのような取組みをすればよいのでしょうか。次節以降で解説していきます。

**179**

## 2. 永続を叶える『経営』承継に必要な事業承継計画

　ファミリービジネスが100年，200年続く永続的なものにしていくには，経営，所有，家族のそれぞれの観点で検討すべきことがたくさんあります。それぞれの観点で抱えている問題を解決して初めて，『経営』承継が実現できるのです。

　しかし，ファミリービジネスの一番の課題は，事業承継，特に経営承継をしっかりとした準備を進めたうえで行う必要があるにもかかわらず，以下のような理由で十分な取組みがなされていないことが多くなっていることです。

(1) 事業承継として何を準備したらよいのかがわからない。
(2) 資産（株式）承継のみの対策に留まっているものの，事業承継を完了したものと勘違いしている。
(3) 事業を承継する相手がいない，いても相手が興味を持っていない。
(4) 事業承継は現経営者の退任や死が前提となるために話をしづらい。

　事業承継やその準備を完了させるには，少なくとも数年単位，状況によれば十数年かかるため，すぐに取り組むことができるものではありません。

　そこで，まず検討すべきは，事業承継計画を策定することです。**ファミリービジネスのオーナーがその取組みに躊躇する場合も，周りからお膳立てして，できるだけ早期に事業承継計画の策定に取り組むことが望ましいです。**

　どのような取組みを推進するのかもそうですが，今後，このようにしていきたいという意思と，具体的な計画がなければ経営承継はなかなか前に進みません。

　その羅針盤となる計画がまさに事業承継計画となります。

# 3. スリーサークルモデルによる事業承継計画

## ① 事業承継計画のフォーマット

事業承継計画の策定シートは，さまざまなフォーマットが存在します。

よく見られるフォーマットは，経営者と後継者のみに焦点を当て，現経営者が保有する株式をどのように移行するのかなど，所有分野に偏ったものが多いように思います。

しかし，ファミリービジネスは，経営，所有，家族の3つのサブシステムから構成されるシステムであるために，それぞれのサブシステムにおける事業承継計画を検討すべきです[(注30)]。

> (注30) 経営，所有，家族の観点から事業承継計画を策定する必要性は，西川盛朗氏（一般社団法人日本ファミリービジネスアドバイザー協会理事長）の「三位一体事業承継計画表」（2014年7月）より発想を得た。

本書が提案する事業承継計画は，スリーサークルモデルの観点が含まれるために，三円一体事業承継計画と称します。基本的なフォーマットは　図表5-2　のとおりですが，必要に応じて項目などは追加してもよいと思います。

ただし，**あまりいろいろな項目を追加してしまうと，焦点がぼやけてしまうおそれがあるので，A3用紙1枚で俯瞰できるような形にすべきです。**

それぞれを補足するための資料は別途準備し，1枚で俯瞰できるようにしておければ，それぞれのサブシステムの整合性が確認できるというメリットもあります。

181

第5章　永続を叶える『経営』承継の方法

**図表 5-2**　三円一体事業承継計画のフォーマット

| 項目 | | | 1年目<br>2019 | 2年目<br>2020 | 3年目<br>2021 | 4年目<br>2022 |
|---|---|---|---|---|---|---|
| 年齢情報 | | 現経営者 | | | | |
| | | 後継者 | | | | |
| | | 経営幹部 | | | | |
| 経営分野<br>＜基本方針＞ | 業績<br>（百万円） | 売上高 | | | | |
| | | 経常利益 | | | | |
| | 役職・分掌 | 現経営者 | | | | |
| | | 後継者 | | | | |
| | | 経営幹部 | | | | |
| | 事業構造<br>（経営ビジョン） | | | | | |
| | 取組み・施策<br>（新規事業開発含） | | | | | |
| 所有分野<br>＜基本方針＞ | 株式持分 | 現経営者 | | | | |
| | | 後継者① | | | | |
| | | 〃　② | | | | |
| | | その他 | | | | |
| | | 合計 | 100.0% | 100.0% | 100.0% | 100.0% |
| | 取組み・施策 | | | | | |
| 家族分野<br>＜基本方針＞ | 実現すべき仕組み | | | | | |
| | 取組み・施策 | | | | | |

182

| 5年目 | 6年目 | 7年目 | 8年目 | 9年目 | 10年目 | 15年目 |
|---|---|---|---|---|---|---|
| 2023 | 2024 | 2025 | 2026 | 2027 | 2028 | 2033 |
|  |  |  |  |  |  |  |
|  |  |  |  |  |  |  |
|  |  |  |  |  |  |  |
|  |  |  |  |  |  |  |
|  |  |  |  |  |  |  |
|  |  |  |  |  |  |  |
|  |  |  |  |  |  |  |
|  |  |  |  |  |  |  |
|  |  |  |  |  |  |  |
|  |  |  |  |  |  |  |
|  |  |  |  |  |  |  |
|  |  |  |  |  |  |  |
| 100.0% | 100.0% | 100.0% | 100.0% | 100.0% | 100.0% | 100.0% |
|  |  |  |  |  |  |  |
|  |  |  |  |  |  |  |
|  |  |  |  |  |  |  |

## ② 基本情報（年齢情報）について

　基本情報として必要な項目は，現経営者，後継者，経営幹部などファミリービジネスの主要な登場人物の年齢情報です。

　現経営者および後継者だけではなく，経営幹部もリストに加える理由は，現経営者，特に創業者から次の後継者に経営承継する場合，複数の経営幹部による合議的な意思決定を推進していく体制，いわゆるチーム型経営を目指すために，その関係者も広く対象とする必要があるためです。

　そのために，現在の経営幹部に加えて，後継者が今後頼ることになる経営幹部候補もリストに加えることが望ましいです。

　後継者を支える経営幹部候補が現時点で見当たらない場合は，現在の経営幹部がその候補となりますが，後継者の年齢との関係をみるためにも，リストに挙げて，その年齢推移を見える化することが望ましいです。フォーマットとしては，経営分野，所有分野，家族分野と続きますが，年齢情報を入れるだけでも大きな効果があります。

　**実際，三円一体事業承継計画のフォーマットにファミリービジネスのオーナーが今から10年後，15年後のご自身の年齢を入れ，後継者の年齢も同様に入れたときに，後継者（ご子息）が想定よりも歳をとっていることに気づいたり，ご自身も数年後に70歳という区切りの歳を迎えると改めて認識したりと，いろいろな気づきを得ることも多いです。**

　実はこのような年齢推移を認識することから，事業承継が大きく進むこともあります。

　したがって，ファミリービジネスのオーナーは一度騙されたと思って，事業承継計画に年齢だけでも入れてみてはどうかと思います。つまり，事業承継計画のすべての項目を詳細に埋めようとするのではなく，初めはわかる範囲で埋めてみるというのも１つの手です。

　また，支援者が対応する場合は，その支援者が年齢部分のみを埋めてみて，

それをファミリービジネスのオーナーに渡して，それを題材にして議論してもよいと思います。

図表5-3　将来の年齢推移を見て考え込む経営者

### ③　経営分野について

　経営分野については，現経営者，後継者，経営幹部のそれぞれに記載してもらうことが望ましいです。そのような取組みができれば，それぞれの考え方のギャップを把握することができ，それぞれの考え方をすり合わせすることもできます。

基本方針：
　目指すべき中長期的な企業目標について記載します。
　例えば，企業規模としてどのくらいの規模を目指すのか，どのような事業領域（業界・分野）で展開するのか，後継者候補が複数いる場合は企業分社を考えるのかどうかなどです。

業績：
　各年度（空欄年度があっても問題ありません）でどの程度の売上高，経常利益を目指すのかについて記載します。

役職・分掌：

　現経営者，後継者，経営幹部の今後の役職や職種などの就任計画について記載します。

事業構造（経営ビジョン）：

　複数年度にまたがる（セルを結合する）ようにして3年後，5年後，10年後単位で目指すべき事業構造（どのような事業分野で戦うのか）について記載します。

取組み・施策：

　業績，事業構造などの目標（計画）を実現するために実施する具体的な骨太な活動を記載します。

　例えば，新規事業開発，新工場の建設，海外進出，システム投資，人材採用，企業アライアンス，M&Aなどにおける具体的な内容について記載します。

## ④　所有分野について

　所有分野については，現経営者，後継者，経営幹部が考える株式の構成割合や企業形態について検討しますが，基本的には現経営者もしくは後継者が検討することとなります。

基本方針：

　いつまでに誰に株式を承継するのかについて記載します。また，企業形態として現状のままを維持するのか，例えば，資産管理会社を設立するのか，ホールディングスを設立するのかなど，企業グループ全体のガバナンスをどうするのかについて記載します。

　状況によっては，第三者への株式譲渡を検討するのかについても記載します。

株式持分：

　現経営者から後継者にどのようなスケジュールで株式を承継していくのか，従業員持株会などを設立した場合，その割合などについて検討します。

第三者へ株式譲渡する場合は，そのタイミングと割合をどうするのかなどを記載します（M&Aによって株式を譲渡する場合，基本的には100％譲渡になります）。

取組み・施策：

基本方針や株式持分の計画を実現するための具体的な取組みについて記載します。

例えば，ホールディングスや従業員持株会をいつ，どのような形態で設立するのか，後継者への株式譲渡について，どのような株価対策を実施するのかなどを記載します。

## ⑤　家族分野について

家族分野については，現経営者，後継者が考える家族に関するガバナンスなどについて検討します。

視点としては企業永続のために，後継者候補（次世代，その先の世代も踏まえて）をどのような範囲まで対象とするのか，どのように後継者候補を育成するのか，家訓・家憲などの家族のよりどころをどのように考えるのかなどです。

基本方針：

次世代の後継者候補をどのように育成するのか，家族会議（ファミリー協議会）の設立，将来的な後継者候補をどのように考えるのか（直系男子，娘婿，従兄弟など），家訓・家憲の策定などをどのようにするのかについて記載します。

取組み・施策：

基本方針を実現するための具体的な取組みについて記載します。

例えば，いつから家族会議を実施するのか，家訓・家憲をどのように策定するのかなどを記載します。

第5章　永続を叶える『経営』承継の方法

　事業承継計画は多岐にわたりますが，記入内容の精度を問うてしまうとなかなか筆が進まないので，検討しやすい部分からメモ程度でもよいので，記載していくようにすることが重要です。

　実際に事業承継計画を策定していくと，何度も推敲することが多く，半年や1年かかることも多いです。
　ただ，まずは一度ざっと俯瞰する感じで精度は問わず，書いてみるということが大切です。書いてみることで，また新たに検討すべきことなどが明確になっていきます。

# 4. 事業承継計画の記載事例

## ① 事業承継計画策定のポイント

　三円一体事業承継計画における実際の記入事例を190～191ページに示します。

　ここで挙げた事例では，長男を正式な後継者として指名し，その後継者を中心にして新規事業開発を推進し，さらなるファミリービジネスの成長を計画しています。経営分野を踏まえて，所有分野，家族分野においても計画を推進するものとなっており，大変バランスの良い計画になっていることがわかります。

　**このように経営分野，所有分野，家族分野を俯瞰できるようなフォーマットで事業承継計画を策定することで，それぞれの分野における整合性を担保できます。**

　重要なことは事業を承継する後継者がワクワクできるような計画になっているか，希望が持てるような計画なのかどうかです。ファミリービジネスは当事者が思っている以上に，経営資源が豊かであるために，今後の永続性を担保するためにも，後継者を中心として何か新しい事業に取り組むことを推奨しています。

　また，本事業承継計画のポイントとしては，長男が事業を承継する予定ですが，他の兄弟（次男，長女）への目配りも忘れないということです。

　長男に何か不測の事態が生じた場合は，他の兄弟が事業を承継する可能性もあるために，ファミリービジネスとして他のファミリーにどのように関わってもらうのかも検討しておく必要があります。

**図表5-4　事業承継計画（例）の策定ポイント**

| |
|---|
| 経営，所有，家族分野での整合性が担保されていること |
| 後継者がファミリービジネスに希望を持ち前向きに承継できること |
| 他の兄弟への目配りを行っていること |

第5章　永続を叶える『経営』承継の方法

## 図表5-5　事業承継計画の記載例

| 項目 | | | 1年目 2019 | 2年目 2020 | 3年目 2021 | 4年目 2022 |
|---|---|---|---|---|---|---|
| 年齢情報 | | 現経営者 | 61 | 62 | 63 | 64 |
| | | 後継者 | 30 | 31 | 32 | 33 |
| | | 経営幹部 | 55 | 56 | 57 | 58 |
| 経営分野<br><br><基本方針><br>□3カ年で収益構造を見直し，利益率改善を行う。（2021年に売上高5億円，経常利益50百万円）<br>□後継者に新規事業開発を任せ，2022年に単年度黒字（売上高1億円）を目指す。<br>□2026年には売上高10億円を目指し，M&Aによる事業拡大も視野に入れる。 | 業績<br>（百万円） | 売上高 | 500 | | 500 | 600 |
| | | 経常利益 | 15 | | 50 | 60 |
| | 役職・分掌 | 現経営者 | 代表取締役社長 | 代表取締役社長 | 代表取締役社長 | 代表取締役社長 |
| | | 後継者 | 新規事業担当課長 | 新規事業担当課長 | 新規事業担当役員 | 新規事業担当役員 |
| | | 経営幹部 | 常務取締役 | 常務取締役 | 常務取締役 | 専務取締役 |
| | 事業構造<br>（経営ビジョン） | | ●自動車プレス部品から収益性の高い車載用電池部品を中心に事業転換を図る。<br>●新規事業開発（試作事業）を立ち上げる。 | | | ●新規事業で売上高1億円を目指す。 |
| | 取組み・施策<br>（新規事業開発含） | | ●収益分析を行い，低収益品から高収益品への営業に切り替える。 | ●後継者による新規事業を立ち上げる。 | | ●M&A仲介会社との契約を行い，対象企業をリストアップする。 |
| 所有分野<br><br><基本方針><br>□後継者への株式承継対策として，納税猶予制度を活用する。<br>□現経営者が会長に退任した段階で，後継者への株式譲渡も検討する。 | 株式持分 | 現経営者 | 100.0% | 100.0% | 100.0% | 100.0% |
| | | 後継者 | 0.0% | 0.0% | 0.0% | 0.0% |
| | | その他 | 0.0% | 0.0% | 0.0% | 0.0% |
| | | 合計 | 100.0% | 100.0% | 100.0% | 100.0% |
| | 取組み・施策 | | ●譲渡制限などの種類株を導入する。（定款の見直しが必要） | | ●納税猶予制度を活用するため階で役員に就任させて，役員した時点で，特例承継計画を年3月末までの提出が必要） | |
| 家族分野<br><br><基本方針><br>□長男を正式な後継者とすべく，家族内の合意を得る。（妻，次男，長女の了解を得る。）<br>□家族会議を定期的に実施する。<br>□家族のよりどころとなる家訓・家憲を整備する。 | 実現すべき仕組み | | 家族会議 | 遺言書作成 | 家訓・家憲作成 | |
| | 取組み・施策 | | ●既に入社している長男を後継者に指名する。<br>●家族会議は少なくとも年2回実施する。 | ●株式は長男にすべて相続させる旨を定める。他の資産は兄弟平等に分配するようにする。 | ●今後，家業でのもめ事が発生ないように，家業に対する基的な考え方を家訓・家憲としてとりまとめる。<br>●事業が順調に拡大できれば，男などの家族の就業も検討する（その場合，遺言書の内容を直す） | |

190

| 5年目 | 6年目 | 7年目 | 8年目 | 9年目 | 10年目 | 15年目 |
|---|---|---|---|---|---|---|
| 2023 | 2024 | 2025 | 2026 | 2027 | 2028 | 2033 |
| 65 | 66 | 67 | 68 | 69 | 70 | 75 |
| 34 | 35 | 36 | 37 | 38 | 39 | 44 |
| 59 | 60 | 61 | 62 | 63 | 64 | 69 |
|  |  |  | 1,000 |  |  | 2,000 |
|  |  |  | 100 |  |  | 200 |
| 代表取締役社長 | 代表取締役社長 | 代表取締役社長 | 会長 | 会長 | 相談役 | 引退 |
| 新規事業担当役員 | 常務取締役 | 専務取締役 | 代表取締役社長 | 代表取締役社長 | 代表取締役社長 | 代表取締役社長 |
| 専務取締役 | 専務取締役 | 専務取締役 | 相談役 | 相談役 | 相談役 | 退任 |
| ●積極的な設備投資もしくはM&Aを国内で行い, 売上高10億円, 経常利益1億円を目指す。 |  |  |  | ●新体制で海外展開も踏まえた事業拡大を新たに検討する。2033には年商20億円を目指す。 |  |  |
| ●当社の製造技術とシナジーが働く製造業（年商3億円規模）の企業買収を検討する。 | ●後継者を常務として会社全体を見渡せるポジションに就任させる。 |  | ●年商10億円を区切りに, 後継者に経営を譲る。（現経営者, 経営幹部は買収先企業の幹部とするオプションも考えておく） |  |  |  |
| 100.0% | 100.0% | 100.0% | 0.0% | 0.0% | 0.0% | 0.0% |
| 0.0% | 0.0% | 0.0% | 100.0% | 100.0% | 100.0% | 100.0% |
| 0.0% | 0.0% | 0.0% | 0.0% | 0.0% | 0.0% | 0.0% |
| 100.0% | 100.0% | 100.0% | 100.0% | 100.0% | 100.0% | 100.0% |
| 継者を早い段…3年以上経過…する。(2023 |  |  | ●会長就任時に, 株式を後継者に譲渡することも検討する。 |  |  |  |
|  |  |  | ●次男が就業していた場合は株式の分配割合も見直す。 |  |  |  |

## 第5章 永続を叶える『経営』承継の方法

### ② 基本情報でのポイント

事例の会社では，計画策定時（2019年），ファミリービジネスのオーナーである現経営者は61歳，後継者は30歳です。また，現経営者の番頭である経営幹部の年齢は55歳でした。

経営分野において，6年目（2024年）から現経営者と後継者による共同経営の段階となりますが，その仲を取り持つ経営幹部が60歳となっています。理想としては，もう少し後継者と歳が近いほうが望ましいのですが，まだ経営幹部として力を発揮してくれる年頃なので大きな問題にならないと思います。

実際，企業によっては経営幹部の高齢化が進み，現経営者と後継者による共同経営時に70歳を超えるようなケースもあり，70歳以上だからダメということはありません。しかし，後継者やチーム型経営を支える経営幹部としては次の10年を担えることが望ましいと考えます。そのため，そのような企業は後継者の育成に加えて，次世代の経営幹部の育成も事業承継の上の課題として認識して，社内での育成や外部からの登用を検討すべきです。

現経営者から後継者への交代のタイミングとして，過去は65歳ぐらいでしたが，現在は70歳などと段々と先送りされているのが実態です。しかし，**おすすめしていることは，現経営者と後継者との共同経営（経営のバトンタッチ）はできるだけ早期に行うことです。それは，万が一後継者に経営能力がないと判断された場合は，現経営者が経営者として復帰できるとか，他の後継者を探す余裕を持てるようにするためです。経営承継を実現するためにはそのようなリスクヘッジも検討すべきです。**

本事業承継計画では，現経営者が66歳から後継者との共同経営を始め，68歳のタイミングで経営のバントタッチを予定しています。これで経営承継を実現する予定です。そのタイミングで現経営者の番頭であった経営幹部も相談役として退くことを予定しています。

つまり，このタイミングから本格的な後継者によるチーム型経営の幹部メン

バーによる経営体制になります。

　チーム型経営自体は本事業承継計画を検討している2018年の段階で運営されていますので，7年近く運営するなかでその有効性を確認したうえで交代することになります。このぐらいの期間をもって経営承継を実現できると理想的で社内外の混乱も生じないと思います。


　次の大きなターニングポイントは，現経営者が70歳のタイミングで，会長職より相談役となり，ファミリービジネスの経営から一歩大きく退くこととなった時です。さらに，5年後の75歳のタイミングでは完全にファミリービジネスから退くことを予定しています。

　経営幹部についても，現経営者が会長職に就いたタイミングで相談役に退き，後継者によるチーム型経営へ完全に移行していきます。経営幹部については，65歳のタイミングで退任していただく予定です。

　本事業承継計画においては，現経営者，後継者，経営幹部（現経営者の番頭）の3名を対象としていますが，その他のファミリーや経営幹部，経営幹部候補を対象としても問題ありません。年齢と他の分野での検討事項との整合性を確認することは非常に大切なことです。

### ③　経営分野でのポイント

　本事業承継計画では，経営分野における基本方針として，以下の3つのことを定めました。


(1)　3カ年で収益構造を見直し，利益率改善を行う（2021年に売上高5億円，経常利益50百万円）。

(2)　後継者に新規事業開発を任せ，2022年に単年度黒字（売上高1億円）を目指す。

(3)　2026年には売上高10億円を目指し，M&Aによる事業拡大も視野に入れる。

事業承継計画を検討するために，すでに2018年からチーム型経営に向けた中期経営計画の策定や体制づくりに着手し始めています。

その過程において事業別業績管理制度を構築した結果，自動車プレス部品，特にエンジン回りの部品において，現在の収益性，さらには成長性にも大きな問題があることが判明しました。

自動車業界の大きなトレンドとして，電動化があります。ガソリン車から電気自動車への大きな変化が見込まれ，ここ数年に急激な影響はなくとも，5年，10年と中長期的に事業環境を展望とすると，現業が厳しいことは明らかです。

そこで，新たに取引が始まった車載用電池部品の取引を拡大することを大きな基本方針としました。会社全体では，売上高5億円で経常利益15百万円（利益率3％）ほどでしたが，上記のように大きく収益構造を変えることで，3年後の目標として，売上高は横ばいですが経常利益50百万円（利益率10％）を目指すこととしました。

当然ながら，従来どおりの単純なプレス加工だけではなく，溶接や組立も行い，一定のモジュール単位での受注を行っていく必要があります。

後継者には新たに新規事業の開発を担当してもらうこととしました。前職は商社勤務であったために，何か新しいことをすることに拒否感もなく，むしろ，そのような前向きな取組みをしたいという気持ちが強かったことも背景としてあります。

自動車分野で営業活動をしていくと，試作品を作ってほしいという要望もあったことから，現在はアイディアレベルとして，商社時代に培ったネットワークを活用し，3Dプリンターやレーザー切断機などの導入も見据えた試作品事業の立ち上げを予定しています。この新規事業は，3年後に売上高1億円を目標としています。

長期的な視点で検討すると，自社資源だけの企業成長は難しいことから，3年間で収益基盤を改善して利益を捻出し，その資金を活用して周辺分野の

M&A を実施していき，8年後の2026年には現在の売上高の倍となる10億円を目指します。さらに，9年目以降には海外展開も想定しています。

経営分野においては，このような形で後継者にとっても魅力が感じられるように，できるだけ前向きな成長戦略を立案することが望ましいです。

また，事業承継計画の立案時に，**当事者となる後継者を巻き込んで一緒に計画を立案し，その計画の当事者であるという意識を持ってもらうことが，より実行性を高めることになります。**

## ④　所有分野でのポイント

本事業承継計画の所有分野では，基本方針として以下の2つのことを定めました。

⑴　後継者への株式承継対策として，納税猶予制度を活用する。
⑵　現経営者が会長に退任した段階で，後継者への株式譲渡も検討する。

事例の会社では，まず株式において譲渡制限がなかったために，株主総会での決議を得たうえで定款を見直し，譲渡制限種類株式を発行することにしました。

株式は現経営者が100％保有しているために，譲渡制限を設けなくともよいのですが，2世代，3世代と将来的には株式が分散するおそれもあるので，念のための対策として実施することにしました。

現経営者が保有している株式の後継者への移行については，中小企業経営承継円滑法の納税猶予制度（いわゆる事業承継税制）[注31]を活用することを検討します。

　（注31）　中小企業庁ホームページ参照（http://www.chusho.meti.go.jp/zaimu/shoukei/shoukei_enkatsu_zouyo_souzoku.htm）

現制度では2023年3月末までに特例承継計画を提出する必要があります。現

在はファミリービジネスに就業している長男への譲渡（相続）を第一で考えていますが，今後，状況によっては次男なども就業する可能性があるので，2023年までに見極めるのも1つの手だと思います。

　現経営者と後継者との共同経営を経て，8年目（2026年）の現経営者が会長に就任されるタイミングで株式を後継者に譲渡する予定にしています。現行制度では，2027年12月末までに贈与・相続する必要があります。

## ⑤　家族分野でのポイント

　本事業承継計画の家族分野では，基本方針として以下の3つのことを定めました。

(1) 長男を正式な後継者とすべく，家族内の合意を得る（妻，次男，長女の了解を得る）。
(2) 家族会議を定期的に実施する。
(3) 家族のよりどころとなる家憲・家訓を整備する。

　多くのファミリービジネスにおいて，家族分野についての検討がなされていません。

　そのため，経営は好調であっても，世代交代のタイミングで会社がおかしくなることも少なくありません。そのようにならないために，家族分野の検討も非常に重要なことになります。

　では，事例の会社の場合，具体的にどのようなことを検討したか見ていきましょう。

　まず，事例の会社では現経営者と後継者はファミリービジネスに就業しているものの，後継者がすでに結婚し家庭から独立していることもあって，現経営者ファミリーにおいて，家庭でファミリービジネスについて話すことはなかったそうです。

そこで，ファミリービジネスに就業していない配偶者，次男，長女に対しても，自社のファミリービジネスについて知ってもらうことから始めることにしました。そのための仕組みとして，家族会議を少なくとも年2回開催することにしたのです。

また，現時点では，既に就業している長男を正式な後継者とすること，ファミリービジネスの株式も長男に承継することを，配偶者を含めた他の兄弟にも了解を得ることを1年目の目標にしました。当然ながら，事業承継計画を策定した時点では他の兄弟の合意を得たわけではありませんので，うまく合意が得られるかどうかわかりませんが，このような重要なことは先送りにしないことが大切です。

また，このような事案は現経営者がご存命のうちに実施しなければ，話自体がまとまらないことが多いです。

実際，兄弟たちは仲が良いから揉めないと高を括り，何の相続対策もせずに，いざ相続を迎えた段階で，遺産分割をめぐり兄弟間などの親族で揉めることはよくあることです。現預金や不動産の場合は，比較的遺産分割しやすいのですが，非上場株式の場合は，資産価値があるものの現金化しづらいこともあり，その取扱いが大変難しいこともあります。

そのため，現経営者がお元気なうちに，ファミリーを納得させて，ある程度の方向性で合意し，できれば，納税猶予制度への合意を得るとか，遺言書や遺留分に関する民法上の特例について合意を得るといった，目に見える形にしておくことが望ましいです。

**永続するファミリービジネスを目指していくには，現経営者，そのご子息といった範囲ではなく，その次の世代，さらに次の世代と，100年，200年先を見据えた取組みが必要になります。**

現オーナーが非常に有能であった場合，一緒に就業可能なご子息や孫の世代まではしっかりとした教育を与えることができるかもしれませんが，その先まではさすがに難しいと思います。そのために，老舗企業の優れたオーナーは，

ファミリーとして守るべきルールとして家憲・家訓を定めています。

本書でも三井家や住友家の家訓を紹介しましたが，事例のファミリーでもファミリービジネスの永続を叶えるために，後世に残したいことを家訓として定める取組みを始めることを目標設定しました。

事業承継計画を策定した段階では，せいぜい5年先ぐらいまでしか見通せないと思います。現在は長男が就業していますが，状況によっては次男の就業も考えられます。その場合は，株式の譲渡割合なども見直すことが必要になります。

# 5. 事業承継計画策定のポイント

　事業承継計画の策定を進めるなかで，計画自体がうまくすり合わない可能性もありますが，その場合，無理に計画を後継者などに押し付けないように気を付ける必要があります。

　少なくとも事業承継計画で明確にしておくべき項目は，以下のとおりです。

(1)　後継者候補（誰に）
(2)　現経営者の退任時期（いつ）
(3)　現経営者の退任後の役割（どのように過ごすか）

　また，経営分野としては，後継者にどのように家業に関わってもらい，事業拡大（成長）に寄与してもらうのかという視点も重要です。その際，先に紹介したベンチャー型事業承継のような後継者がワクワクできるような要素を盛り込んでおくことが望ましいです。

　事業承継計画はエクセルで1枚にまとめたものに加えて，必要に応じて，各項目を詳細にした資料を別途用意してもよいです。また，各人が検討した内容を添付資料としてもよいです。家業に就業していない兄弟姉妹などがいる場合は，その親族の取扱いについても検討しておく必要があります。

　例えば，相続の基本的な考え方として，ファミリービジネスの株式を長男にすべて相続させ，他の財産を就業しない兄弟姉妹に分けるなど，今後，兄弟姉妹の子供たちがどのような形でファミリービジネスに関わってもらいたいのかなど，現経営者がご存命のうちに検討しておいたほうがよい項目については，できる限り検討すべきです。

　事業承継計画の多くの項目が，基本的には現在のファミリービジネスのオー

**199**

ナーでなければ検討できないものが多いので，ぜひオーナーに検討していただきたく思います。

また，事業承継計画は一度作成したら終わりではなく，少なくとも1年に1回はその進捗を管理することが望ましいです。また，必要に応じて，事業承継計画自体の見直しも必要になります。

例えば，先の事例で言えば，長男が就業していましたが，3年後に次男も就業することになった場合は，そのタイミングで事業承継計画自体を見直すことも必要だと思います。

**図表5-6　事業承継計画の策定ポイント**

| 事業承継計画は精度よりもきっかけづくりとして捉える<br>（計画を後継者に押し付けない） |
| --- |
| 事業承継計画では<br>①後継者候補<br>②現経営者の退任時期<br>③退任後の役割<br>を検討しておくことが望ましい |
| 後継者の想いも汲み取り，承継に前向きになれるようにする |
| 就業者以外のファミリーにも目配りしておく |
| 事業承継計画は年に1度はその進捗を管理し，<br>大きな変化があった場合は，事業承継計画自体を見直す |

# 6. 永続を叶える『経営』承継の実現に向けて

　永続を叶える『経営』承継を実現するために何をすべきか。

　ここまで本書をお読みいただいた読者ならわかるかと思いますが，**まず，ス**
**リーサークルモデルによる課題抽出チェックシートにおいて，ファミリービジ**
**ネスのどこに問題があるのかを把握する**ことから始められるのがよいと思いま
す。

　その際に，ファミリービジネスのオーナーだけではなく，後継者であったり，
経営幹部であったり，就業していないファミリーにも評価してもらえると，よ
り多面的にファミリービジネスの現状が把握できます。

　ファミリービジネスのオーナーが思っている以上に，多くの項目で問題を抱
えていることが明らかになるかもしれません。しかし，そのことを悲観する必
要はありません。現状に気づけただけでもよかった，と前向きにとらえてはい
かがでしょうか。


　各ファミリービジネスに残された時間はそれぞれだと思いますが，ファミ
リービジネスを永続させていくことを考えれば，気づいた問題を一刻でも早く
解決できるように改善活動を進めるべきです。

　特に，業績管理制度の構築などは，後継者と次世代の経営幹部を中心とした
チーム型経営を実現するには非常に大切なことであるために，大変なことです
が，ぜひとも取り組んでいただきたい内容となります。


　また，経営承継の実現には時間がかかります。それを事業承継計画として，
目に見える化し，関係者の協力を仰ぎながら，その計画の実現に愚直に取り組
むべきだと思います。

　ファミリービジネスの支援者は，本書を参考にして既存取引先のファミリー

**201**

第5章　永続を叶える『経営』承継の方法

ビジネスを分析し，ファミリービジネスのオーナーに経営承継の必要性について理解してもらうことから始めていただければと思います。

　ファミリービジネスのオーナーが経営承継の必要性について理解するには，そんなにも時間はかからないことでしょう。専門家としてぜひ経営承継の実現をサポートしてもらいたいと思います。

　経営承継の重要性に気づき，その対策を講じて，この世の中に100年，200年続くファミリービジネスが増えていくことを切に願っています。

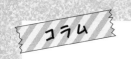

## 最も信頼されるアドバイザー（MTA）とは？

　ファミリービジネスに対するアドバイザーは，本書でご紹介したスリーサークルモデルのいずれかのサークルに所属することが一般的です。

　例えば，所有分野では，プライベートバンカー，エステート（資産）プランナー，タックスロイヤー，コーポレートファイナンスアドバイザー，投資アドバイザー，家族分野では，家族のセラピスト，心理学者，精神病医，個人的な指導者，経営分野では，マネジメントコンサルタント，会計士，法人顧問弁護士，法人銀行，コンサルティングのスペシャリスト，相談役，取締役員がいます。

　それぞれの専門家の多くは，いわゆる特定分野のスペシャリストとなります。

　そのため，特定分野の課題解決はできますが，その問題を解決し，新たな問題が発生した場合，多くの場合，その特定分野のスペシャリストでは対応できなくなります。

　例えば，所有分野で株式の問題があり，税理士などの専門家が特定分野のスペシャリストとして対応し，その課題を解決しても，専門以外の分野である経営分野や家族分野で問題が発生した場合，税理士では対応できません。

　そのため，ファミリービジネスの発展段階やファミリーの間で信頼をつくるプロセスに焦点をあて，課題を解決していくプロセスコンサルタントの視点が必要となります。

　プロセスコンサルタントの場合は，ファミリービジネスのオーナーやファミリーにおける問題がどのように生じたかのプロセスに注目し，その問題を解決に導いていくために，ある問題を解決し，新たな問題が発生しても，その問題に対応していくことが可能です。

　そのようなプロセスを得ることで，ファミリービジネスのオーナーやファミリーから信頼を得ることができます。そのような専門家のことをファミリービジネスアドバイザーとも称します。

【エキスパートとファミリービジネスアドバイザー（プロセスコンサルタント）】

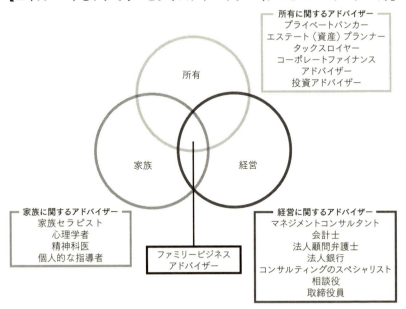

※Strike, V. M. (2012), *Advising the family firm : Reviewing the past to build the future*, Family Business Review

　ファミリービジネスにおける経営承継の問題を解決していくには，このようなファミリービジネス全体に目配りし，その変容プロセスに介入できるようなファミリービジネスアドバイザーの存在が不可欠であると言えます。
　このようなファミリービジネスのオーナーから最も信頼されるアドバイザーを Most Trusted Advisor（MTA）と呼びます。本書をお読みいただいた専門家の方々はぜひ，ファミリービジネスの MTA を目指してほしいと思います。

　なお著者は，ファミリービジネスの MTA になるために心掛けないといけないことには，次の 5 つがあると考えています。

(1) ファミリービジネスのオーナーやファミリーからの信頼を得るように努力する

⑵ それぞれのファミリーについて，ジェノグラム分析などを通じて，ファミリー内で誰がどのような役割や影響力を持っているのかを理解するように努める

⑶ ファミリービジネスの問題解決にあたって，特定のファミリーのことを考えるのではなく，ファミリービジネス全体への貢献を意識する

⑷ 問題解決にあたり，ファミリーを相互に結び付け，お互いを理解させることや一緒に働くことができるように支援する

⑸ 創業者などは意思決定が速いこともあり，正しい決定ができていないこともあるために，時には時間をとり，ゆっくりと考えさせることをすすめる

このような考えを持ってファミリービジネスの支援を続ければ，そのファミリーにおける MTA になれるはずです。

そして，そのようなポジションを得ることができれば，自身の専門分野ではない問題もファミリービジネスのオーナーから相談されるようになります。その際，ファミリービジネスのアドバイザーは個人で対応するのではなく，自身が窓口となり，他の専門家と連携し，その問題を解決していくことが望まれます。

そのために，ファミリービジネスのアドバイザーは常にファミリービジネスや世の中にアンテナを張り巡らし，新しい価値をファミリービジネスに提供していくスタンスが必要です。

大変な職種ではありますが，ぜひ，みなさまに挑戦してもらいたいと思います。

## あとがき

　本書を最後までお読みいただきまして，誠にありがとうございました。

　私がファミリービジネスという言葉を知ったのは，今から5年ほど前だったと思います。当時，経営コンサルタントとして，オーナー企業の企業変革などに従事していましたが，経営面だけでの支援では物足りない気持ちがあり，何か良い考え方がないのかと思い調べているなかで，一般社団法人日本ファミリービジネスアドバイザー協会の武井一喜理事の書籍『同族経営はなぜ3代でつぶれるのか？』を拝読させていただきました。

　そのご縁もあり，協会が主催している資格認定プログラムに参加し，ファミリービジネスの知見を習得していきました。その後も資格認定プログラム修了者であるフェローとして活動し，今では協会の執行役員に従事させていただいています。西川盛朗理事長をはじめ，協会関係者には大変感謝しています。

　そのような経験もあり，事業承継で本当に大切なことは経営承継であり，また，その経営承継を円滑に進めていくにはファミリービジネスを理解しなければならないという思いを持ったわけです。


　私自身は，ファミリービジネスのオーナーではなく支援者です。しかし，周りの支援者らを見渡すと，本当にファミリービジネスのことを理解したうえでアドバイスをしているのか疑問を持つことも多く，税務申告という業務をこなしているだけということも多いように思います。

　当然ながら，そのような業務も必要ですが，本当にファミリービジネスに必要なことは，永続性を実現するための仕組みではないかと思います。

　支援者はその仕組みづくりをサポートすべきではないかと思い，これまで私が培ってきたファミリービジネスに関する知見やノウハウを包み隠さず，本書で紹介することとしました。本書を参考に支援者らがファミリービジネスをサポートし，100年，200年続くファミリービジネスが増えることを本当に願っています。

　現在，ファミリービジネスマネジメントコンサルタント®(※1)として，ファ

ミリービジネスの顧問業をする傍ら，ファミリービジネスに関して，経営，所有，家族の観点からアドバイスできる専門家を育成するコンサルタント養成講座も開講し，専門家の育成にも力を入れています（詳しくは弊社ホームページ[※2]をご覧ください）。

ファミリービジネスの研究は欧米のほうが進んでおり，その成果の一部は本書の第1章や第2章で紹介しています。また，ページ数を最も多くとったのは，第3章の「後継者が継ぎたくなる会社のつくり方」です。たとえファミリーの仲が良くても，ビジネスの経営状態が良くないと，現実問題としてファミリービジネスが継続できないことも多くあることを残念に思う気持ちがあるためです。

本書の冒頭，大廃業時代の足音として，2025年に127万社が廃業危機を迎えると書きましたが，その多くは中小零細企業になります。私は会社自体に魅力があれば，後継者は必ずファミリービジネスを継ぎたいと思うはずだと信じています。

そのためにも，ファミリービジネスのオーナーは会社磨きをすべきです。将来の事業環境を把握し，その環境にうまく対応したビジネスを展開し，ピカピカの会社にすべきです。その手法の1つとして，後継者がうまく会社経営できるようなチーム型経営というコンセプトを提示させていただきました。管理会計の話もあり，中にはわかりにくいところもあったかと思いますが，ぜひ，本書を参考に，チーム型経営を実現してもらいたいと思います。

企業変革の第一歩は現状分析です。しかし，世間でいう現状分析は財務分析に偏っており，もう少し広くても経営分野に限られているように思います。本書で説明してきましたとおり，ファミリービジネスの永続性を実現するために

---

（※1）　ファミリービジネスマネジメントコンサルタント®は，ファミリービジネスに関する事業承継・経営承継・経営革新などの課題解決に対応する専門家です。商標登録第5983317号に登録されています。

（※2）　株式会社日本FBMコンサルティング（https://jfbmc.co.jp/）

は，経営面だけではなく所有面，家族面といったところまで目配りすべきです。

スリーサークルモデルによる課題抽出チェックシートはそのような範囲まで網羅されているので，ファミリービジネスのオーナーや支援者らがファミリービジネスを分析することで，ファミリーのどこが弱いのか一目瞭然となり，その後の詳細な分析を行う足掛かりになることでしょう。

最後の第5章で紹介しました事業承継計画の策定は，まさにファミリービジネスの永続を叶える『経営』承継のために，不可欠なことだと言えます。何事も計画がなければ，うまく推進できません。計画があることで関係者を巻き込み，前向きにその実現に向かって取り組むことができるのです。

本書が出版されるきっかけとなったのは，中央経済社の牲川健志氏に，「事業承継は資産承継では不十分で，経営承継こそが重要だ」とお話させていただいたことでした。本当にその重要性をご理解いただき，私に出版の機会を与えてくださった中央経済社のみなさまと牲川健志氏には大変感謝しております。

これからの時代はますます先が見通せなくなってきています。そのような時代だからこそ，目先の利益といった短期的な視点ではなく，長期的視点に立った経営を推進できるファミリービジネスがますます求められる時代になると思います。

ぜひ，本書を参考にしていただき，永続できるファミリービジネスを実現してもらいたいと思います。

最後に，書斎に籠って本書を書いている私を見守ってくれた妻，息子，娘たちに感謝しています。ファミリーがあるからこそ，常に前向きに新しい取組みができるのだと思います。

2019年8月自宅の書斎にて

大井　大輔

＜参考文献＞

『長く繁栄する同族企業の条件』西川盛朗著　日本経営合理化協会出版局（2012）

『同族経営はなぜ3代でつぶれるのか？』武井一喜著　クロスメディア・パブリッシング（2010）

『オーナー経営の存続と継承』ケリン・E・ガーシック，アイヴァン・ランズバークほか著　岡田康司監訳　流通科学大学出版（1999）

『ファミリービジネス最良の法則』ランデル・カーロック，ジョン・ワード著　階戸照雄訳　ファーストプレス（2015）

その他多数

### ＜ファミリービジネスマネジメントコンサルタント®養成講座のご案内＞

　ファミリービジネスに対して，経営，所有，家族の観点から専門的かつ総合的なアドバイスができる専門家を育成しています。

　養成講座では，本書で紹介しているファミリービジネス概論に加えて，ファミリービジネスコンサルティングの具体的な進め方や実際にあったオーナーからの引合に対して，どのような形で現状分析を行い，次の提案に結び付けるのかについてのケーススタディも行っています。

詳しくは以下のホームページをご参考ください。
https://jfbmc.co.jp/training/

## 【著者紹介】

大井　大輔（おおい　だいすけ）

株式会社日本FBMコンサルティング 代表取締役

1977年大阪府生まれ。大阪大学工学部卒業，同大学院工学研究科生物工学専攻博士前期課程修了後，㈱日本総合研究所 研究事業本部に入社し，中小・中堅企業から上場企業までの，経営戦略・事業戦略の立案・実践支援，新規事業開発支援から内部統制制度や経営マネジメントシステムの構築などの幅広いテーマで100件以上の民間企業の経営コンサルティングに従事。在職中に兵庫県立大学大学院経済学研究科地域公共政策専攻博士前期課程修了。2016年に㈱日本FBMコンサルティングを創業。

『経営』承継はまだか
欧米の事業承継に学ぶ「資産」以外の承継の教科書

2019年10月1日　　第1版第1刷発行
2019年12月10日　　第1版第2刷発行

|  | | |
|---|---|---|
| 著　者 | 大　井　大　輔 | |
| 発行者 | 山　本　　　継 | |
| 発行所 | ㈱中　央　経　済　社 | |
| 発売元 | ㈱中央経済グループ パブリッシング | |

〒101-0051　東京都千代田区神田神保町1-31-2
　　　　　　 電話　03 (3293) 3371 （編集代表）
　　　　　　 　　　03 (3293) 3381 （営業代表）
　　　　　　 http://www.chuokeizai.co.jp/
　　　　　　 印刷／昭和情報プロセス㈱
　　　　　　 製本／㈲井上製本所

©2019
Printed in Japan

＊頁の「欠落」や「順序違い」などがありましたらお取り替えいたしますので発売元までご送付ください。（送料小社負担）

ISBN978-4-502-31511-4　C3034

JCOPY 〈出版者著作権管理機構委託出版物〉本書を無断で複写複製（コピー）することは，著作権法上の例外を除き，禁じられています。本書をコピーされる場合は事前に出版者著作権管理機構（JCOPY）の許諾を受けてください。
JCOPY〈http://www.jcopy.or.jp　eメール：info@jcopy.or.jp〉

······················ 好評発売中 ······················

## 監査報告の変革
### ―欧州企業のKAM事例分析
林隆敏 編著・日本公認会計士協会近畿会
監査会計委員会編集協力／A5判・384頁

監査報告の変革について，欧州企業187社，760のKAMからより良い実務のあり方を究明する。

## 現場力がUPする課長の会計強化書
千代田邦夫 著／四六判・212頁

会社の第一線で奮闘するリーダーが身につけるべき最強の武器「会計」のキホンが身につく本。

## 通達のこころ
### ―法人税通達始末記
渡辺淑夫 編著／四六判・220頁

時代の要請に合わせ，内容の見直しが行われてきた法人税関係通達。現行の法人税関係通達の完成に携わった筆者による珠玉のエッセー。

## この働き方改革が企業と従業員を変える
### ―ぜひ取り組みたくなる成功の3ヵ条
大和総研コンサルティング本部 編／A5判・252頁

企業の重要な戦略となっている人事制度改革において，従業員満足度を高めることが結果として企業価値を向上させることを本書で示す。

## 経理・財務担当者のための「経営資料」作成の全技術
あずさ監査法人アカウンティング・アドバイザリー・サービス事業部 編／A5判・496頁

経理・財務部門の資料作成スキルを徹底指南。実例をベースにした違反例と改善例を対比し，ケーススタディで解説。

## こんなときどうする？引当金の会計実務〈第2版〉
EY新日本有限責任監査法人 編／A5判・432頁

会計基準がなく，実務先行で行われている引当金の概要，事例分析，会計処理，実務上のポイントを解説。第2版では収益認識基準の影響を反映。

## 頼られる税理士になるための贈与からはじめる相続の税務
税理士法人日本税務総研 編／A5判・232頁

遺言が多用される時代の税理士や遺言作成の助言者のための生前からの贈与，遺言，相続とを時系列で解説する1冊。

## 顧問税理士ならこれだけは知っておきたい相続法改正Q&A
薦毛誠子・坂田真吾 編著／A5判・180頁

2019年7月1日より施行された民法相続編の改正。顧問先から質問された場合に，最低限知っておきたい実務の知識をQ&Aで解説。

### 中央経済社